DAS ULTIMATIVE

GRILL BUCH

ABKÜRZUNGEN

cm	=	Zentimeter
E	=	Eiweiß
El	=	Esslöffel
F	=	Fett
FP	=	Fertigprodukt
g	=	Gramm
kcal	=	Kilokalorien
kg	=	Kilogramm
KH	=	Kohlenhydrate
kJ	=	Kilojoule
l	=	Liter
ml	=	Milliliter
Msp.	=	Messerspitze
P.	=	Päckchen
TK	=	Tiefkühlprodukt
Tl	=	Teelöffel

BILD- UND TEXTNACHWEIS

FOTOS & ILLUSTRATIONEN

Thorsten Brandenburg: Seite 7, 33, 37, 41, 45, 48, 53, 57, 61, 65, 69, 71, 81, 87, 93, 99, 107, 113, 119, und 143

Kay Johannsen: Seite 5 (2. v. o.), 20 unten, 149, 151, 153, 155, 157, 159, 161, 163, 167, 169, 171, 173, 187, 189, 194 und 197

Broil King: Seite 9 unten, 11 (alle Freisteller), 12 alle, 13 oben und 14 links

Fotolia.com: Seite 10 (Elektrogrill, © Marcus Kästner), 28/29 (Feuer, © Henner Damke), 36 (Kugelgrill, © duesV), alle BBQPit-Rezeptseiten und Inhalt (Schieferfond und Pfeffer, © strannik_fox + © dadianb)

mauritius images: Seite 9 oben links © Christina Blum

Hendrik Kranenberg: Seite 16/17 (Illustrationen)

Cornelia Teich: Seite 10 oben, 15 und 17 oben

TLC Fotostudio: alle übrigen Fotos

REZEPTE UND TEXTE

Sabine Durdel-Hoffmann und Thorsten Brandenburg: Seite 32, 36, 40, 44, 48, 52, 56, 60, 64, 68, 70, 80, 86, 92, 98, 106, 112, 118, 130, 142 und 178

Sabine Durdel-Hoffmann und Guido Gravelius: Seite 148-163, 166, 168-173, 187, 188/189, 194 und 197

Thorsten Brandenburg: Seite 6/7

Sabine Durdel-Hoffmann: alle Übrigen

DAS ULTIMATIVE GRILL BUCH

MIT REZEPTEN & TIPPS VON

BBQ Pit

INHALT

GRILLEN – DIE SCHÖNSTE NEBENSACHE DER WELT

Schon immer habe ich gerne gegrillt. Aber alles änderte sich, als meine Frau mir 2010 zum Geburtstag einen Kugelgrill schenkte. Da habe ich begonnen, mich viel intensiver mit dem Thema zu beschäftigen und entdeckte durch das indirekte Grillen ganz neue Möglichkeiten für mich. Das führte dazu, dass ich heute unter dem Namen BBQPit bekannter bin als unter meinem Geburtsnamen.

Seit 2013 betreibe ich den Blog BBQPit, der mir ursprünglich nur als Rezeptsammlung dienen sollte. Aufgrund der tollen Resonanz begann ich dann, das Ganze intensiver zu betreiben.

In meinem Blog teile ich meine größte Leidenschaft mit meinen Lesern und Fans, gebe Erfahrungen weiter und möchte grundsätzlich für das Thema Grillen und BBQ begeistern. Eine Auswahl meiner besten Rezepte liegt nun vor Ihnen. Zusätzlich finden Sie in diesem Buch viele neue Grillrezepte aus anderer Quelle, die ich Ihnen ans Herz legen möchte.

INFO

BBQPit.de startete im Januar 2013 als reiner BBQ- und Grillrezepte-Blog und hat sich mittlerweile zu Deutschlands führendem Grill- und BBQ-Magazin entwickelt. Der Blog bietet nicht nur Grillrezepte, sondern versteht sich auch als Grillratgeber, der seine Leser über Themen wie Grillwissen, Grill-und Zubehörtests, Produktvorstellungen und BBQ-News informiert.

Thorsten Brandenburg ist Gründer und Mitglied in einem der erfolgreichsten Grillteams Europas und ist mit den BBQ Wieseln weltweit auf BBQ-Meisterschaften unterwegs. 2016 wurden die BBQ Wiesel Vize-Europameister.

Mehr Infos:
www.bbqpit.de
www.facebook.com/bbqpit.de

Die Inspirationen für meine Rezepte hole ich mir auf meinen zahlreichen kulinarischen Reisen, die mich häufig in die USA – dem BBQ-Land schlechthin – führen. Was ich dort gelernt habe, ist vor allem eins: Geduld! Grillen braucht Zeit. Es sollte also nicht darum gehen, ein gutes Stück Fleisch bei zu hohen Temperaturen auf den Rost zu werfen, um möglichst schnell fertig zu werden.

Bei meinen Rezepten, die ich in meinem 27 qm großen Grillparadies im eigenen Garten entwickle, geht es mir vor allem um Authentizität. Sie gelingen sicher und sind für jeden einfach umzusetzen. Eine besondere Grillausstattung ist in den meisten Fällen nicht nötig. So ist mein Lieblingsutensil bis heute der Kugelgrill, mit dem man fast alles machen kann.

Wichtig für ein gutes Grillergebnis sind qualitativ hochwertige Zutaten. Hier sollten Sie keinesfalls sparen und sich lieber seltener, dann aber richtig gute Fleischprodukte gönnen.

Haben Sie Feuer gefangen? Dann nichts wie ran an den Grill! Ich wünsche Ihnen viel Spaß und gutes Gelingen beim Ausprobieren der Rezepte. Und wenn Sie mögen, besuchen Sie mich doch mal auf meinem Blog.

Ihr

Thorsten Brandenburg

Thorsten Brandenburg

BBQ FÜR ALLE!

Immer mehr Menschen lieben es, echtes BBQ-Feeling in entspannter Atmosphäre mit Köstlichkeiten frisch vom Grill zu genießen. Grillen bedeutet längst viel mehr, als einfach nur ein paar Würstchen auf den Rost zu legen – wahre Meister dringen mit Leidenschaft und Erfahrung in völlig neue Genussdimensionen vor. Grills in zahllosen Ausstattungsvarianten und eine gute Vorbereitung erlauben es jedem, ganz nach seinen Vorlieben im wahrsten Sinne des Wortes Feuereifer zu entwickeln und Neues auszuprobieren.

DER GRILL

Grillgeräte sind in unzähligen Ausstattungsvarianten, mit mehr oder weniger Equipment, erhältlich. Welche Form Sie auch wählen: Der ideale Grill verfügt über Rollen, um ihn leicht zu bewegen, über nicht hitzeleitende Griffe sowohl für Gehäuse als auch Deckel, ein eingebautes Thermometer und möglichst über einen höhenverstellbaren Rost, vielleicht sogar über eine Ablagefläche. Die Größe richtet sich nach der Personengruppe, die den Grill regelmäßig benutzt – er sollte also weder zu klein noch überdimensioniert sein.

HOLZKOHLEGRILL (1)

Holzkohlegrills sind die „Alleskönner" für direktes und indirektes Grillen, es gibt sie in verschiedenen Größen vom transportablen Tischgrill bis hin zum fest installierten Riesengrill für große Feste. Holzkohlegrills sind als Kasten-, Säulen- oder Kugelgrill aus Metall oder Keramik erhältlich. Am weitesten verbreitet ist der verschließbare Kugelgrill aus Metall, da er für den Hobby-Griller so vielseitig verwendbar und für unzählige Zubereitungen bei allen Temperaturen einfach zu handhaben ist. Die meisten Grillfreunde empfinden nur die Zubereitung auf dem Holzkohlegrill wegen der glühenden Kohle und wegen des typischen Grilldufts als echtes Grillvergnügen

SCHWENKGRILL (2)

Eine besonders große Ausführung des Holzkohlegrills ist der an Metallketten an einem Gestänge befestigte Schwenkgrill, den man auch häufig auf großen Veranstaltungen sieht. Er ist schon allein wegen seiner Größe ein echter Blickfang – leider kann man ihn nicht verschließen und nur direkt auf

1

2

ihm grillen, so bleiben die Zubereitungsmöglichkeiten begrenzt.

3

GASGRILL (3)

Wer stets für eine gut gefüllte Gasflasche mit flüssigem Propan- oder Butangas (und am besten auch eine Reserveflasche) sorgt, zündet einen Gasgrill ganz einfach an – ohne Vorglühen. Temperaturen lassen sich einfacher regulieren und gleichmäßiger halten als bei Holzkohlegrills. Auch gibt es weniger Rauchentwicklung und keine zu entsorgende Asche. Zum indirekten Grillen (siehe Seite 16) benötigt man allerdings mehrere Brenner.

4

SMOKER UND RÄUCHERGERÄTE (4)

Riesige, schwere Smoker oder Räuchergeräte erfordern eingehende Beschäftigung mit dem Thema, Wissen und Erfahrung – man sollte sicher sein, sie regelmäßig zu nutzen, bevor man sie anschafft. Eine gute Alternative sind BBQ-Smoker für die heimische Terrasse, mit denen – gern große Stücke –

gegrillt werden, aber auch geräuchert oder gebacken wird. Die Temperatur kommt bei den Geräten aus seitlich angebrachten Kammern, das Grillgut gart über eine längere Zeit schonend bei relativ niedrigen Temperaturen von 100–130 °C. Allein aufgrund ihrer Fläche eignen sich BBQ-Smoker nur für größere Grillrunden.

HOLZPELLET-GRILLS (5)

Im Kommen sind Holzpellet-Grills. Der Grilltrend aus den USA findet nach und nach immer mehr Liebhaber in Deutschland. Pellet-Grills sind zwar nicht gerade günstig, erlauben aber eine ebenso genaue Temperatureinstellung wie beim Backofen und sorgen für echtes Raucharoma.

ELEKTROGRILL (6)

Auf kleinen Balkons oder Terrassen, gern auch einmal in der Küche, werden häufig Elektrogrills verwendet, sie tun hier einen guten Dienst. Für sie benötigt man weder Kohle noch Anzünder, allerdings ist die Temperaturhöhe begrenzt, sie sind nur für direktes Grillen geeignet und es entwickeln sich darauf nicht die leckeren Röstaromen des Grillguts wie auf einem Holzkohlegrill. Auch sind sie in der Regel recht klein – dafür entfaltet sich kein Rauch und sie sind mit ihrer integrierten Wasserwanne leichter zu reinigen.

GRILLZUBEHÖR

Vom Drehspieß über diverse Grillkörbe, Plancha-Platten oder Pizzasteine gibt es im Handel fast nichts, was es nicht gibt – ein jeder möge vor der Anschaffung überlegen, was er wirklich benötigt.

DIE GRUNDAUSSTATTUNG

- Kohle
- Grillanzünder und Anzündkamin (7)
- Stabfeuerzeug
- scharfe Messer
- Schneidebrett
- feste Grill-Alufolie

- Frischhaltefolie und/oder verschließbare Gefrierbeutel
- hitzebeständige Handschuhe (8)
- wiederverwendbare Edelstahlschalen (alternativ Aluschalen)
- Grillzangen (9)
- Grillwender (10)
- hitzebeständige Pinsel (11)
- Thermometer (für die Kerntemperatur des Fleisches und den Grillinnenraum) (12)
- Gusseisenpfanne (13)
- Grillbürste zum Reinigen des Grillrostes (14)

WEITERES ZUBEHÖR

- **Grillpfannen und -pfännchen:** Dabei handelt es sich zum einen um gelochte Pfannen und -pfännchen, die bei der Zubereitung von zartem Fleisch und Gemüse sowie einer Menge kleiner Stücke gute Dienste tun. Vor dem Belegen immer vorheizen! In gusseisernen Pfannen können Sie auf dem Grill braten, Saucen oder Glasuren zubereiten oder Butter zerlassen.

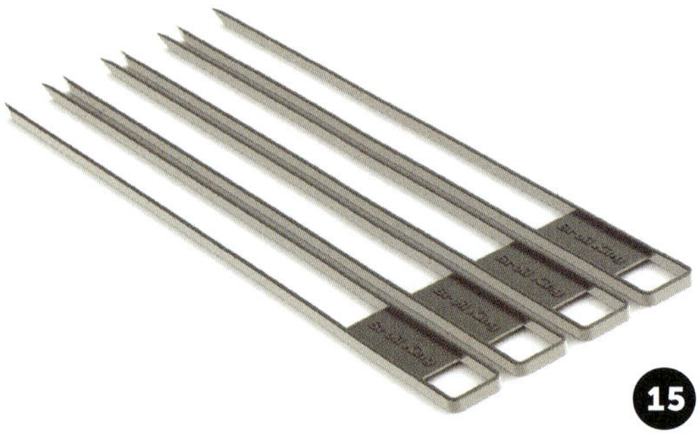

15

► **Metallspieße (15):** Einfache, doppelte oder mehrteilige Drehspieße aus Metall sind hilfreich bei großen Stücken wie Braten oder ganzem Geflügel: Ein zusätzlicher Motor lässt auf ihnen das Grillgut gleichmäßig und so lange wie nötig „rotieren".
Große Metallspieße für Fleisch- oder andere Spieße gibt es auch im Set mit einer Art Rahmen, in dem sie festen Halt haben.

► **Fischgitter (16):** In einem Edelstahlgitter (für einen oder mehrere Fische erhältlich) eingespannt bleiben Fische beim Wenden oder Servieren nicht am Rost haften und sie bleiben ganz, ohne dass ihr zartes Fleisch auseinanderfällt. Vor dem Benutzen wird der Korb oder das Grillgut leicht geölt (hitzebeständiges raffiniertes Öl verwenden).

16

17

► **Gemüsekorb (17):** In diesem Metallbehälter mit Löchern können Gemüse, Obst oder Pilze auch direkt gegrillt werden.

18

► Auf einer gusseisernen **Grillplatte (18)** wird auf dem Grill gebraten – so fällt nichts durch den Rost und er bleibt sauber. Es gibt eine glatte Seite (Plancha) und eine Seite mit Wellen. Die Platte ist ideal, um Gemüse, Burger und Fisch zu grillen.

► **Holzplanken (19)** sind nicht nur die ideale „Unterlage" für sehr zartes Fleisch, Fisch oder Zubereitungen mit Käse. Das Holz wird leicht geölt und gibt seine feinen Rauchnoten und die natürliche Würze an das Grillgut. Häufig wird zunächst direkt gegrillt, bis die Planke glimmt, dann wird sie in den indirekten Bereich zum Garziehen zum Beispiel von Fischfilets gezogen. Planken sind

19

beim Servieren attraktive Eyecatcher. Angeboten werden Planken aus verschiedenen Holzarten, die passend zum Grillgut ausgesucht werden.

- **Salzplanken** geben keine Rauchnoten, aber eine zarte Würze an das Grillgut ab. Man kann sie fertig kaufen oder mit etwas Fingerspitzengefühl selbst herstellen (siehe Seite 124).

- **Pizzastein (20)**: Die Schamottsteine, die auch im Backofen Verwendung finden, werden auf dem Grill gleichmäßig sehr heiß und dienen der Zubereitung von Pizza, Brot oder anderen Backwaren.

20

DER SICHERE GRILLPLATZ

Grundsätzlich sollte ein Grill einen festen Standplatz haben, der wegen der Rauch- und Hitzeentwicklung oder eventuellem Funkenflug nicht zu dicht am Nachbarn, an der Hauswand, an Sträuchern oder anderen brennbaren Elementen liegt. Den Grill in Ruhe und sorgfältig aufbauen, damit alles fest sitzt und nicht wackeln oder kippen kann – schon gar nicht, wenn der Grill einmal heiß ist. Er sollte in jedem Fall wetterbeständig sein und auch im Winter einen festen Platz, zumindest jedoch eine Abdeckung haben.

Sicherheit ist Trumpf: Beim Grillen sollte ein Feuerlöscher (oder zumindest eine Löschdecke) rasch greifbar sein. Für Asche und andere brennbare Rückstände sollte ein Metalleimer mit Deckel bereit stehen. Und für alle Fälle heißt es, immer Brandsalbe und Kühlgel im Haus zu haben.

KOHLE & CO.

Welche Kohle ist am besten geeignet? Probieren geht über Studieren. Generell sollte man auf Qualität achten (auf die DIN EN 1860-2/das DINplus-Logo) und nicht einfach die billigste Kohle verwenden. Bei Holzkohle handelt es sich um Holz (in der Regel Buche), das getrocknet und unter Luftabschluss hoch erhitzt wird, Zusätze gibt es nicht. Holzkohlebriketts in „Eier"- oder eben Brikettform bestehen aus gepresstem Holzkohlenstaub mit Zusätzen von Bindemitteln. Reine Holzkohle brennt schneller und mit größerer Hitzeentwicklung, Briketts brennen später, weniger heiß, aber gleichmäßiger und länger; sie sind deshalb für Langzeitzubereitungen besser geeignet. Für Langzeitzubereitungen gibt es außerdem spezielle Kohle.

Auch Kokosbriketts brennen länger als Holzkohle, sie entwickeln keine Gerüche und keinen Rauch. Wichtig ist, dass das Brennmaterial schon im Laden trocken gelagert wurde und auch daheim an einem absolut trockenen Ort aufbewahrt wird.

Hölzer in Form von Chunks oder Chips (21) duften schon beim Grillen angenehm und verleihen dem Grillgut zusätzlich ein feines Aroma. Die größeren Chunks werden nicht gewässert und im geschlossenen Grill direkt in die Glut gelegt. Die kleineren Chips werden nach Belieben gewässert oder nicht und in Räucherboxen in die Glut gesetzt.

21

ANZÜNDEN

Jeder Grillfreund hat seine Methode entwickelt, den Grill zügig und zuverlässig anzuzünden. Um die Grillglut zu entfachen, niemals gewöhnlichen Spiritus oder Benzin verwenden, damit die Flammen nicht unkontrolliert hochschlagen, Vorsicht mit Zeitungspapier inklusive Funkenflug und auf einen alten Föhn zum Entfachen der Glut sollte auch verzichten, wer nicht im Funkenregen stehen möchte! Es gibt spezielle Pasten oder Gels, die nach Flaschenangabe wohldosiert auf die Kohle gegeben werden, dann wird die Kohle angezündet. Kompakte Grillanzünder in Würfelform werden in die Kohle gesteckt und dort entzündet.

Die beste Wahl ist ein **Anzündkamin (22)**: Dabei handelt es sich um einen Metallbehälter, auf dessen Rost oder gelochter Metallplatte Zeitungspapier, dann darauf Kohle gelegt wird. Der Kamin wird in den Grill oder auf eine feuerfeste Unterlage gestellt und das Papier angezündet, von dort wird die Kohle zügig und gleichmäßig durchglüht. Feuerfeste Handschuhe anziehen und die Kohle vorsichtig in den Grill schütten – fertig.

Zum Grillen braucht man eine Vorlaufzeit von ca. 30–40 Minuten, bis die Kohle richtig durchgeglüht ist, keine Flammen mehr züngeln und eine erste feine, weiße Ascheschicht aufweist. Am besten dann noch mit geschlossenem Deckel gut vorheizen, bis die gewünschte Temperatur erreicht ist, erst dann sollte das Grillgut auf den Rost. Zum Langzeitgrillen sollte mehr Kohle bereit stehen, die rechtzeitig aufgelegt oder besser im Anzündkamin vorbereitet wird, damit die Temperatur zwischenzeitlich nicht sinkt.

22

DIREKTES UND INDIREKTES GRILLEN ODER DIE KOMBINIERTE METHODE

Verschiedene Zonen für direktes und indirektes Grillen entstehen durch die Anordnung der Kohle. In der Regel wird Kohle im mittleren Grillbereich (direktes Grillen) mit „Ausläufern" zu den Grillrändern (indirektes Grillen) angeordnet. Andere Formen sind die klare hälftige Trennung (eine Grillhälfte mit, die andere ohne Kohle), die Anordnung in drei Zonen, einen äußeren Glutring (Minion-Ring) oder einen klar abgegrenzten Kohle"punkt" in der Mitte für bestimmte Zubereitungen.

INDIREKTES GRILLEN

Beim **indirekten Grillen** liegt das Grillgut neben der Glut und wird im geschlossenen Grill sozusagen von der/den Seite(n) erhitzt beziehungsweise gleichmäßig durch von der Deckelwand reflektierte Temperatur umfangen, sie müssen in den meisten Fällen auch nicht gewendet werden. Große oder per se weniger zarte Fleischstücke wie Braten, Keulen oder ganze Geflügel werden bei niedrigeren Temperaturen und längeren Garzeiten ganz besonders zart und saftig. Bereits zubereitetes Grillgut wird indirekt warm gehalten, allerdings nicht zu lange, damit es nicht trocken wird. Schalen, die mit Wasser oder Bier gefüllt in die Glut gestellt werden, sorgen für Feuchtigkeit und eine gleichmäßigere Hitzeverteilung.

Indirektes Grillen auf dem Gasgrill

Indirektes Grillen auf Holzkohle

DIREKTES GRILLEN

Direktes Grillen meint das Grillen direkt über der Glut bei hoher Temperatur und eignet sich verallgemeinernd (aber natürlich mit Ausnahmen) für Fleischstücke, die kurz (keinesfalls länger als 30 Minuten) fertig gegrillt werden (etwa Steaks, Koteletts, Filets, Hamburger, Bratwürste, Fischfilets, Fischsteaks, Meeresfrüchte oder Obst). Man kann mit und ohne Deckel direkt grillen. Erfahrene „Grillmeister" schließen den Deckel, wann immer es geht, auch wenn es nur für 1–2 Minuten ist, da sich so die Hitze im Grill hält. Beim direkten Grillen sollte man sich nicht weit vom Grill entfernen und das Grillgut unter Beobachtung halten.

Direktes Grillen auf dem Gasgrill

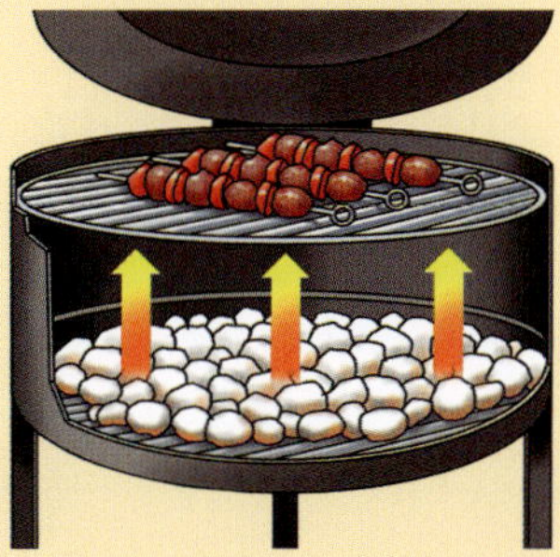

Direktes Grillen auf Holzkohle

KOMBINIERTE METHODE

Bei der **kombinierten Methode** wird auf beiden Zonen zubereitet. Zunächst direkt gegrillt werden Stücke, die außen Krusten und Röstaromen entwickeln sollen, vor allem größere Stücke; dann werden sie indirekt gar gegrillt. In der Regel wird kurz direkt rundherum scharf angegrillt, damit außen eben die leckeren Röststoffe entstehen, und indirekt fertiggegart; so bleibt das Grillgut innen zart und saftig. Grillgut, das zu dunkel oder kross zu werden droht, kann in der indirekten Zone fertiggegart werden.

Ebenso kann auf Aluschalen, in Folie oder Pergamentpapier, in Holz- oder Bananenblättern, auf Pizzastein, in Pfanne oder Topf (zum Beispiel im Dutch Oven), auf Holz- oder Salzplanken gegrillt werden. In der Glut werden Beilagen wie zum Beispiel Kartoffeln, über der Glut Steckerlfische oder Stockbrot zubereitet.

GRILLTEMPERATUREN, GRILLZEITEN & MENGEN

Natürlich gibt es Erfahrungswerte und einige Grundregeln. Aber die Positionierung auf dem Grill sowie Temperatur- und Zeitangaben können nur unverbindliche Empfehlungen und grobe Richtwerte sein, denn das Gelingen hängt von Qualität, Größe und Beschaffenheit der jeweils gerade verwendeten Kohle und des Grillguts ab. Ebenso die Platzierung des Grills, Außentemperaturen und ggf. Windeinfall spielen eine Rolle. Selbst wahre Könner geben zu gleichen Zubereitungen bisweilen unterschiedliche Erfahrungswerte weiter. Vielleicht entdeckt man beim Ausprobieren gar eine Zubereitungsvariante, die zwar von den Ratschlägen der Experten abweicht, deren Ergebnis einem selbst aber einfach besser schmeckt. Übung macht auch hier den Meister, und man kann sicher sein, zu sehen und zu riechen, wann etwas gut ist. Das gleiche gilt für die Mengen, gerade bei Fleisch und bei

größeren Stücken: Sie wissen selbst am besten, wieviel Hunger Sie haben – ratsam ist jedoch, sich nicht von der Fläche des neuen Grills, der Freude an üppig bestückten Tellern oder an der Zubereitung verleiten zu lassen und Unmengen bereit zu legen.

TEMPERATUR PRÜFEN & REGULIEREN

Sicher hilft der alte Trick, die Handfläche etwa 15 cm über die Glut zu halten, um die Temperatur grob festzustellen: Kann man die Hand ca.

8 Sekunden über die Glut halten, ist die Temperatur niedrig, gelingt dies weniger als 4 Sekunden, ist sie hoch.

Die zuverlässigste Methode ist jedoch, Grillthermometer zu verwenden, die inzwischen erschwinglich sind. Es gibt sie sowohl für den Innenraum des Grills als auch für die Kerntemperatur des Fleisches selbst. Gerade bei größeren Stücken, die besonders zart werden sollen und lange bei geschlossenem Deckel grillen, sind sie unentbehrlich. Hier geht die Entwicklung immer weiter und es gibt mittlerweile Thermometer mit Funk-, Wifi- oder Bluetooth-Ansteuerung, sodass man den Grill auch aus der Ferne überwachen kann.

Um die Temperatur zu halten beziehungsweise zu regulieren, kann es nötig sein, Kohle nachzufüllen oder die Kohle ganz einfach zu verschieben: Zieht man die Glut auseinander, entsteht eine niedrigere Temperatur, häuft man sie auf, eine höhere. Mit verstellbaren Belüftungsschlitzen an Boden und Deckel des Grills lässt sich die Temperatur ebenfalls beeinflussen: Je mehr Luft in den Grill kommt, umso heißer wird der Grill. Öffnet man die Zuluftregelung, steigt die Temperatur. Schließt man sie, fällt die Temperatur ab und der Grill geht aus, wenn die Glut keinen Sauerstoff mehr bekommt.

TEMPERATUREN	
niedrige Hitze	100 °C – 170 °C
mittlere Hitze	170 °C – 230 °C
hohe Hitze	ab 230 °C

DAS GRILLGUT
LIEBLINGSSTÜCKE & GRILLZEITEN

Ob Fleisch, Fisch, Gemüse oder Obst – es sollte nur beste, frische Ware vom Metzger oder Fachhändler aus ökologischer Haltung beziehungsweise solchem Anbau zubereitet werden, es macht sich in der Zubereitung bemerkbar und schmeckt einfach besser.

GEMÜSE & OBST

Von Aubergine bis Zucchini sind der Grillfantasie kaum Grenzen gesetzt. Es kommt lediglich darauf an, ob das Gemüse ganz, in großen Stücken oder Scheiben auf den Grill gelegt wird. Für kleine Stücke empfiehlt sich ein Gemüsekorb (siehe Seite 12) oder eine Grillpfanne. Zartes Gemüse hat sehr kurze Zubereitungszeiten von nur wenigen Minuten, also sollte man ein Auge darauf haben. Ansonsten gilt: Erlaubt ist, was schmeckt – der eine mag es weich, der andere bissfest. Auch besteht die Möglichkeit, Gemüse vorab zu blanchieren und auf dem Grill nur leckere Aromen hinzuzufügen. Nur schwarz sollte das Gemüse niemals werden – außer, man zieht die Haut ab, etwa bei einer Paprika. Für Obst gilt das gleiche wie für Gemüse. Hier ist außerdem zu beachten, dass es zwar reif, aber nicht schon zu weich und zu saftig sein sollte. Obst erhält rasch ein „Branding" (die attraktiven Streifen vom Rost) und verbrennt schnell, darum aufpassen, wenden und immer wieder beim Anheben prüfen.

GEFLÜGEL: LIEBLINGSSTÜCKE – AUSWAHL/RICHTWERTE		
Hähnchenbrustfilet	direkte mittlere Hitze	10 Minuten
Hähnchenschenkel	direkte hohe Hitze	10 Minuten
„Wings"	direkte mittlere Hitze	15 Minuten
ganzes Hähnchen	indirekte mittlere Hitze	1 Stunde

GEFLÜGEL

Geflügel wie Huhn, Ente, Pute, Truthahn kann – ausgenommen und küchenfertig – etwa im Ganzen, in Teilen wie Keulen, Brustfilets (im Ganzen oder gewürfelt auf Spießen) oder Wings gegrillt werden. Für die Vorbereitung verwendete Messer oder Brettchen nicht für andere Zubereitungen verwenden, bevor sie nicht sehr heiß und gründlich gereinigt wurden. Geflügel wird vor der Verarbeitung gewaschen und trocken getupft, es wird immer gut durchgegart, um die Salmonellengefahr zu bannen.

FISCH: LIEBLINGSSTÜCKE – AUSWAHL/RICHTWERTE		
ganzer Fisch (Lachs, Barsch, Forelle, Seeteufel, Red Snapper)	indirekte mittlere Hitze	je nach Größe 20–40 Minuten
Fischfilet	direkte hohe Hitze	5–10 Minuten
Garnelen	direkte hohe Hitze	max. 5 Minuten

FISCH & MEERESFRÜCHTE

Frischer Fisch glänzt, hat klare Augen, hellrote Kiemen und riecht nach nichts anderem als Meer. Meeresfrüchte wie Krebse, Garnelen oder Tintenfische sollten ebenfalls nur so frisch wie möglich auf den Grill kommen. Gegrillt werden ganze, küchenfertige (ausgenommen und ohne Schuppen) Fische, die auch gefüllt werden können, oder Fischfilets. Für das zarte Fleisch werden am besten Grillkörbe oder Unterlagen wie Planken oder Aluschalen verwendet, alternativ werden sie zum Beispiel in Pergamentpapier gegrillt – falls nicht, wird der Rost, oder noch besser der Fisch selbst, leicht geölt. Festfleischige Fische wie Lachs, Forelle oder Sardine bleiben besser „in Form". Fisch wird vor der Verarbeitung gewaschen und trocken getupft.

FLEISCH

Fleisch sollte generell stets von Tieren aus artgerechter Haltung stammen. Bei frischem Fleisch direkt vom Bio-Bauernhof oder vom Metzger Ihres Vertrauens können Sie sicher sein, dass die Zubereitung nach guter Vorbereitung gelingt und dass es Ihnen und Ihren Gästen schmeckt. Vom Metzger kann man sich überdies beraten lassen, welche Stücke für die gewünschte Zubereitung besonders geeignet sind – feine Fettadern etwa verraten bei manchen Stücken schon, dass das Grillergebnis von besonders zarter Konsistenz sein wird. Der Metzger kann das Fleisch auch schon fachkundig parieren oder zuschneiden. Verwenden Sie kein tiefgefrorenes Fleisch oder Fleisch direkt aus dem Kühlschrank, es sollte mindestens 30 Minuten vor der Zubereitung auf dem Grill herausgestellt worden sein.

SCHWEIN

Das Fleisch sollte beim Kauf fest und rosig sein. Vom Schwein werden vor allem Filet, Koteletts, Rippchen, Hals, Schulter, Nacken, Ober- oder Unterschale zubereitet.

Schweinefleisch wird grundsätzlich gut durchgegart, um die Salmonellengefahr zu bannen. Nur qualitativ sehr hochwertiges Schweinefleisch wird gerne medium zubereitet genossen. Es gibt beispielsweise trockengereiftes (dry-aged) Schweinefleisch, bei dem es zu schade wäre, es durchzugaren. Wurst wird nur im Naturdarm verwendet, weil auf dem Grill künstliche Därme mit der Füllung verschmelzen.

SCHWEIN: LIEBLINGSSTÜCKE – AUSWAHL/RICHTWERTE

Filet	indirekte mittlere Hitze	20 Minuten (oder kurz direkt, dann indirekt)
Kotelett	direkte mittlere bis hohe Hitze	8–10 Minuten
Braten (aus der Schulter)	indirekte niedrige Hitze	nach Größe, mehrere Stunden
Rippchen (Spareribs)	indirekte niedrige Hitze	nach Größe, mehrere Stunden

RIND & KALB: LIEBLINGSSTÜCKE – AUSWAHL/RICHTWERTE		
Burger	direkte hohe Hitze	10 Minuten
Steaks	direkte hohe + indirekte mittlere oder hohe Hitze	5–15 Minuten nach Größe, Dicke, Knochenanteil
Rinderfilet	direkte mittlere + indir. mittlere Hitze	40 Minuten
Braten	direkte mittlere + indir. mittlere Hitze	nach Art und Größe ca. 1–mehrere Stunden
Spieße	direkte hohe Hitze	5–8 Minuten

RIND & KALB

Die Zuschnitte von Rind und Kalb sind vielfältig, von der Größe der Stücke, der Fleischreife und Fettmaserung hängt die Zubereitungsart und -zeit bei diesem Fleisch ganz besonders ab. Die Zubereitung ist etwas anspruchsvoller. Beim Kauf sollte man unbedingt dem Rat des Fachmanns vertrauen und sich die Stücke möglichst schon zuschneiden beziehungsweise für den Grill vorbereiten lassen.

KERNTEMPERATUR

Vor allen Dingen bei großen Stücken, die lange bei niedriger Hitze grillen, um besonders zart und saftig zu werden, ist das Erreichen der richtigen Kerntemperatur wichtig – sie zeigt am Ende der Grillzeit an, wann das Fleisch den perfekten Gargrad erreicht hat. Dies geschieht über einen längeren Zeitraum, in dem die Innentemperatur des Fleisches sogar zu einem bestimmten Punkt (um 72–74 °C) für eine Weile stagniert, man spricht auch von der Plateautemperatur. Erst danach erhöht sich die Temperatur langsam, stetig und schonend weiter. Hilfreich ist ein Thermometer, das in das Fleisch hineingesteckt wird und das die ermittelte Temperatur digital nach außen leitet.

DIE VORBEREITUNG

Marinaden, Beizen, Rubs (Kräutermischungen) würzen das Fleisch, unterstützen seinen Eigengeschmack und machen es darüber hinaus zart. Es gibt eine Vielzahl an Fertigprodukten, aber gerade beim Würzen ist Kreativität gefragt – einfach die Lieblingsgewürze (natürlich passend zum Grillgut) kombinieren, ausprobieren und den Geschmackstest machen! Zum Einwirken werden Fleisch & Co. in Frischhaltefolie gewickelt oder verschließbare Gefrierbeutel gefüllt, aus denen die Luft herausgedrückt wird. Wer ein Vakuumiergerät besitzt, benutzt dieses. Für das Einwirken sollte man Zeit einkalkulieren, für kleine Stücke und zartes Fleisch reichen etwa 15 Minuten, für mittelgroße Stücke

eine bis mehrere Stunden, für sehr große Stücke plant man mehrere Stunden ein, am besten geschieht dies über Nacht.

Saucen zum Moppen werden während des Grillens immer wieder mit einem Pinsel aufgetragen, dickflüssigere Glasuren werden vor dem Grillen aufgebracht (der Vorgang wird bisweilen während und nach dem Grillen wiederholt): Beide entfalten ihr volles Aroma während des Grillvorgangs, geben es an das Grillgut weiter und tragen dazu bei, Fleisch saftig zu halten. Mariniertes oder Glasiertes wird tendenziell eher indirekt zubereitet, da Marinaden und Glasuren dazu neigen, zu verbrennen.

Dringend empfiehlt sich, rechtzeitig vor dem Anzünden des Grills den gesamten Ablauf mit allen Zeiten, etwa fürs Marinieren, zu planen und zu kalkulieren sowie alle benötigten Zutaten und Gerätschaften übersichtlich und griffbereit in Grillnähe zu platzieren.

GRILLREINIGUNG

Nach dem Grillen ist vor dem Grillen – also den benutzten Grill nicht einfach stehen lassen! An einem schmutzigen Rost bleibt frisches Grillgut haften und er ist überdies unhygienisch. Eine Grillbürste tut gute Dienste beim Rost – am besten die Anhaftungen direkt nach der letzten Nutzung abbürsten, solange der Rost noch heiß ist, dann lösen sie sich am besten; ist die Verschmutzung hartnäckig, den Rost über Nacht in lauwarmem Wasser mit einem Teelöffel Spülmaschinenreiniger einlegen. Alternativ kann der noch heiße Rost vorsichtig mit einer halbierten Zwiebel abgerieben werden. Den abgekühlten Rost kann man auch über Nacht in feuchtes Zeitungspapier gewickelt liegen lassen, dann lösen sich Anhaftungen am

TIPPS & TRICKS

- Nicht zu viel auf den Grill legen! Zwar lässt sich Grillgut kurze Zeit am Rand warm halten, nach einer Weile wird es aber trocken und schmeckt nicht mehr.
- Eine Schale mit Wasser in der Glut wirkt als „Fettfang" (Fett verbrennt sonst über dem Feuer und kann zu Verletzungen führen) sowie zur gleichmäßigen Feuchtigkeits- und Temperaturverteilung.
- Nicht mit spitzen Gegenständen ins Fleisch stechen, sonst verliert es Flüssigkeit und wird zäh. Besser einen Grillwender benutzen! Nicht zu oft wenden: Wenn nicht ausdrücklich anders empfohlen, höchstens einmal.
- Bei fettarmem Fleisch und Fisch, die direkt auf dem Rost gegrillt werden, den Rost ganz leicht ölen, so bleiben sie nicht haften und zerfallen nicht. Noch besser ist es, das Grillgut selbst leicht zu ölen.
- Holzspieße werden gewässert (etwa 1 Stunde), um nicht zu verbrennen. Außerdem löst sich das Grillgut dann leichter zum Verzehr.
- Pulled Pork und Brisket werden nach dem Grillen in Alufolie gewickelt und sollten ruhen. Auch andere Fleischstücke sollten nach dem Grillen und vor dem Anschneiden oder Verzehren kurz ruhen, damit sich das Fleisch entspannt, die Flüssigkeit sich darin gleichmäßig verteilt und nicht durch Schnitte austritt – das Fleisch bleibt zart und saftig.

Folgetag gut. Für gut schließende Kugelgrills und vor allem Gasgrills empfiehlt sich eine Reinigung durch Pyrolyse, das heißt, durch sehr hohe Hitze bei geschlossenem Deckel (für verchromte Roste oder andere Grillbestandteile leider nicht geeignet). Dabei verbrennen alle anhaftenden Rückstände wie Fleischreste oder andere Reste komplett. Der abgekühlte Rost kann danach ganz einfach abgewischt werden.

Den Grill selbst außen, Deckel und Wände innen regelmäßig mit einem feuchten weichen Tuch abwischen. Viele Grills verfügen über ein Auffangbecken für Asche und kleine Kohlestücke. Ob mit oder ohne: Nach dem kompletten Abkühlen immer Asche und restliche Kohle entsorgen, und zwar in einen Metalleimer mit Deckel.

REZEPTTEIL

ROASTBEEF IM NUSS-KRÄUTER-MANTEL MIT GRILLBLUMENKOHL

FÜR 4 PORTIONEN

FÜR DAS ROASTBEEF IM NUSS-KRÄUTER-MANTEL

1,2 kg Roastbeef
1 Tl Olivenöl
Meersalz
schwarzer Pfeffer
1 Prise Selleriesalz
2–3 El mittelscharfer Senf
1 El gemahlene Haselnüsse
3 El fein gehackte glatte Petersilie
2 El fein gehackte Zitronenmelisseblätter

FÜR DIE PAPRIKA-GRANATAPFEL-REMOULADE

1 Eigelb
je 1 Prise Salz, Pfeffer, Zucker
1 El Limettensaft
1 El mittelscharfer Senf
125 ml Pflanzenöl
1 El Paprikacreme aus dem Glas
1 El Granatapfelkerne

FÜR DEN GEGRILLTEN BLUMENKOHL

1 kleiner Blumenkohl
2 El gekörnte Brühe
60 g Butter
Salz
schwarzer Pfeffer
1 Msp. frisch geriebener Muskat

AUSSERDEM

Grillthermometer

1 Den Grill zunächst für direktes Grillen bei hoher Hitze (230–250 °C) vorbereiten. Das Fleisch mit Küchenpapier trocken tupfen und sehr dünn mit Olivenöl bepinseln, dann mit Salz, Pfeffer und Selleriesalz kräftig einreiben. Aus den übrigen Zutaten mit mehr Salz und Pfeffer eine dick-cremige Panade herstellen, bei Bedarf mehr Senf verwenden. Das Fleisch auf dem Grill direkt und mit Deckel rundherum scharf anrösten. Vom Grill nehmen und kurz etwas abkühlen lassen, dann die Panade an drei Seiten aufbringen. Das Fleisch auf der nicht panierten Seite aufliegend indirekt bei niedriger Hitze (130 °C) mit Deckel 2 ½ Stunden grillen. Am besten mit einem Grillthermometer arbeiten: Die Kerntemperatur des Fleisches sollte 55–60 °C betragen.

2 Währenddessen für die Remoulade Eigelb, Gewürze, Saft und Senf verrühren. Das Öl nach und nach in feinem Strahl einrühren. Zum Schluss die Paprikacreme und die Granatapfelkerne unter die Remoulade heben und diese kühl stellen.

INFOS ZUM GRILL

- zunächst direktes Grillen bei 230–250 °C, dann indirektes Grillen bei 130 °C
- geschlossener Grill

Pro Portion
ca. 883 kcal/3694 kJ
68 g E, 65 g F,
7 g KH

3 Für den Blumenkohl das Gemüse waschen, putzen und quer in etwa 0,5 cm dicke Scheiben schneiden. Kurz in kochender Brühe dünsten und separat die Butter bräunen. Die Kohlscheiben mit Butter beträufeln, würzen und in den letzten Minuten, während das Roastbeef gart, auf dem Grill auf jeder Seite 3–4 Minuten direkt grillen.

4 Das Roastbeef vom Grill nehmen und 5–10 Minuten ruhen lassen. In Scheiben schneiden und mit Remoulade und Blumenkohl servieren.

Aufwand: mittel
Arbeitszeit: 15 Min.
Grillzeit: ca. 2 ½ Std.
Ruhezeit: 5–10 Min.

PASTRAMI-BACON-JAM-SANDWICH

FÜR 4 PORTIONEN

FÜR DIE PASTRAMI
2 kg parierte Rinderbrust
(alternativ Tafelspitz)

FÜR DIE PÖKELMISCHUNG
80 g Pökelsalz
100 g brauner Zucker
40 g schwarzer Pfeffer
2 El gemahlener Koriander
2 El Knoblauchpulver
1 Tl Ingwerpulver

FÜR DEN RUB
4 El schwarzer Pfeffer
1 El roter Kampot-Pfeffer
3 El Koriandersaat
1 El getrockneter Thymian
1 Tl Knoblauchpulver
½ Tl gemahlener Ingwer

FÜR DAS SANDWICH
800 g selbst gemachte Pastrami
(siehe Rezept oben)
8 Scheiben Roggenbrot
American Dressing (FP) zum Bestreichen
16 Scheiben Cheddar
Bacon Jam (siehe Rezept Seite 202)
Butter zum Bestreichen

AUSSERDEM
Grillthermometer
Holzchips nach Belieben

1 Für die Pastrami die Zutaten für die Pökelmischung vermengen und das Fleisch damit bestreichen. In einer großen Box oder einem Gefrierbeutel 7 Tage im Kühlschrank pökeln und täglich wenden.

2 Unter fließendem Wasser abwaschen und 1 Stunde wässern – nach der Hälfte der Zeit das Wasser wechseln. Die Zutaten für den Rub mischen, das Fleisch abtupfen und den Rub einmassieren. Den Grill mit den Holzchips für das Räuchern bei 110 °C vorbereiten und die Pastrami indirekt bei geschlossenem Deckel 2–3 Stunden bis zu einer Kerntemperatur von 70 °C räuchern.

3 Für die Sandwiches den Grill für indirektes Grillen bei mittlerer Hitze (170 °C) vorbereiten. Die Pastrami in dünne Scheiben (ca. 1,5 mm) schneiden. Das Roggenbrot mit Dressing bestreichen und üppig mit Pastrami belegen. Jeweils mit 2 Scheiben Cheddar bedecken, üppig mit Bacon Jam toppen und nochmals 2 Scheiben Cheddar auflegen. Mit Roggenbrot bedecken und dieses dünn mit Butter bestreichen. Die Sandwiches bei geschlossenem Deckel 1 Minute direkt und 3 Minuten indirekt goldbraun und knusprig grillen (auf dem Grill leicht andrücken), der Käse sollte dann zerlaufen sein.

INFOS ZUM GRILL

- Räuchern (indirekt) bei 110 °C
- direktes und indirektes Grillen bei 170 °C
- geschlossener Grill

Pro Portion
ca. 1054 kcal/4417 kJ
70 g E, 66 g F,
44 g KH

Aufwand: mittel, aber zeitintensiv
Arbeitszeit: 1 Std. 10 Min.
Pökelzeit: 7 Tage (in einer Box/ in einem Gefrierbeutel)
Zeit zum Wässern: 1 Std.
Räucherzeit: 2–3 Std.
Grillzeit: ca. 3 Min.

CEVAPCICI MIT SCHAFSKÄSEFÜLLUNG UND AJVAR

FÜR 4 PORTIONEN

FÜR DIE CEVAPCICI
1 Zwiebel
1 Knoblauchzehe
600–700 g Rinder- oder Lammhack
1 El Paniermehl
1 Ei
1 gehäufter El gehackte krause Petersilie
1 Tl rosenscharfes Paprikapulver
1 Tl Chilipulver
1 Tl getrockneter Thymian
Salz
schwarzer Pfeffer
250 g Schafskäse

FÜR DAS AJVAR
1 Zwiebel
1 Knoblauchzehe
1 kleine Peperoni
2–3 dicke Auberginenscheiben
4 El Olivenöl
2–3 El Paprikapaste
1 El Zitronensaft
Salz
schwarzer Pfeffer

AUSSERDEM
2 Tassen Basmatireis
Salz
1 El Butter
3–4 El gedünstetes, fein gewürfeltes Gemüse oder Gemüsereste vom Vortag (Erbsen, Mais, Paprika oder andere)

1 Für die Cevapcici die Zwiebel schälen und fein würfeln, den Knoblauch schälen und fein hacken. Alle Zutaten bis auf den Schafskäse in einer Schüssel miteinander vermengen und würzig abschmecken. Den Schafskäse in 0,5 cm breite Streifen schneiden. Vom Hack eine kleine Handvoll Teig nehmen und zu einem Taler formen. Einen Käsestreifen damit umschließen, sodass ein etwa fingerlanges, dickes Röllchen entsteht – so mit dem gesamten Teig verfahren. Die Röllchen 1 Stunde in den Kühlschrank stellen.

2 Währenddessen für das Ajvar Zwiebel und Knoblauch schälen und fein hacken, die Peperoni waschen und ebenfalls fein hacken. Die Auberginenscheiben in 3 Esslöffeln Öl auf beiden Seiten ca. 5 Minuten braten. Mit der Paprikapaste, Zwiebel, Knoblauch und Peperoni pürieren, mit restlichem Öl und Saft verrühren und würzig abschmecken.

3 Den Grill für direktes Grillen bei mittlerer bis hoher Hitze (220–240 °C) vorbereiten. Die Cevapcici direkt mit Deckel 10–12 Minuten rundherum grillen.

INFOS ZUM GRILL

- direktes Grillen bei 220–240 °C
- geschlossener Grill

Pro Portion
ca. 1043 kcal/4367 kJ
53 g E, 57 g F,
80 g KH

TIPP

Für eine selbst gemachte Paprikapaste den Backofen auf 220 °C mit Grillstufe vorheizen. Eine große Paprika vierteln, putzen, waschen und trocken tupfen. Auf einem Backblech 15 Minuten oder so lange rösten, bis die Haut Blasen wirft. Aus dem Ofen nehmen, in einem gut verschlossenen Gefrierbeutel schwitzen und abkühlen lassen, häuten und fein pürieren. Im Kühlschrank bis zur weiteren Verarbeitung aufbewahren.

4 Für den bunten Gemüsereis den Reis in Salzwasser nach Packungsanweisung garen und abgießen. Mit Butter und Gemüse mischen und mit dem Ajvar zu den Cevapcici servieren.

Aufwand: leicht
Arbeitszeit: 30 Min.
Kühlzeit: 1 Std.
Grillzeit: 10–12 Min.

FÜR 4 PORTIONEN

4 Rumpsteaks
hitzebeständiges Öl zum Bestreichen
Salz
1 Bund Thymian
schwarzer Pfeffer

AUSSERDEM
Apfelholz-Chips
Tropfschale
Grillthermometer

GERÄUCHERTE STEAKS

1 Den Grill für direktes Grillen mit zwei Kohlezonen bei 250 °C sowie fürs Räuchern vorbereiten und eine Tropfschale mit Wasser in die Mitte stellen. Die Steaks ölen und salzen, auf jeder Seite direkt 2 Minuten bei geschlossenem Deckel grillen, sie sollten ein schönes Grillmuster haben.

2 Danach die Steaks mit dem Thymian belegen und in der indirekten Zone räuchern: Dazu die Holzchips auf die Kohlen legen, die Steaks in die indirekte Zone ziehen und den Deckel schließen.

3 Die Steaks sollten eine Kerntemperatur von 54 °C erreichen (medium), das dauert ca. 10 Minuten. Die Steaks vom Grill nehmen, einige Minuten ruhen lassen und würzen.

TIPP

Dazu schmeckt der Salat von gegrillten Kartoffeln mit Spargel und Mozzarella von Seite 172.

INFOS ZUM GRILL

- direktes Grillen bei 250 °C
- Räuchern (indirekt) bei 250 °C
- geschlossener Grill

Pro Portion
ca. 260 kcal/1092 kJ
45 g E, 9 g F,
0 g KH

Aufwand: leicht
Arbeitszeit: 10 Min.

FILETSPIESSE MIT ZWIEBELN UND SÜSSKARTOFFEL

FÜR 4 PORTIONEN

FÜR DIE POLENTASCHNITTEN
500 ml Gemüsebrühe
150 g Maisgrieß
60 g frisch geriebener Parmesan
1 El Olivenöl
1 Tl fein gehackte Rosmarinnadeln

FÜR DIE MARINADE
1 Knoblauchzehe
100 ml Crème de Cassis
200 ml Johannisbeersaft
2 El Aceto balsamico
2 Schalotten
1 El fein gehackter Rosmarin
1 El dunkler Honig
Salz
schwarzer Pfeffer
einige Tropfen Liquid Smoke
nach Belieben

FÜR DIE SPIESSE
600–700 g Rinderfilet
1 mittelgroße Süßkartoffel
Salz
8 rote Zwiebeln
Olivenöl zum Beträufeln
schwarzer Pfeffer
1 El fein geschnittene glatte
Petersilienblätter

AUSSERDEM
Grillschale, 8 Grillspieße

1 Für die Polentaschnitten die Gemüsebrühe aufkochen und bei mittlerer Hitze den Maisgrieß einrühren. Bei reduzierter Temperatur den Grieß etwa 15 Minuten ständig rühren (die Masse sollte recht fest sein), dann den Parmesan unterheben. Etwa fingerdick auf ein mit Backpapier belegtes Blech streichen und am besten über Nacht trocknen lassen.

2 Für die Marinade den Knoblauch schälen und zerdrücken, anschließend mit den übrigen Zutaten mischen. Das Fleisch in mundgerechte Würfel schneiden und in einer Schale mit der Marinade bedeckt an einem kühlen Ort ebenfalls über Nacht marinieren.

3 Die Süßkartoffel gut abbürsten und mit der Schale in Salzwasser ca. 5 Minuten garen – sie sollte gar, aber noch fest sein. Etwas abkühlen lassen und in große Würfel schneiden. Die Zwiebeln schälen und halbieren. Das Fleisch aus der Marinade nehmen und mit Küchenpapier abtupfen, die Marinade in eine kleine Grillschale füllen. Den Grill für direktes Grillen bei hoher Hitze (250 °C) vorbereiten. Auf die Spieße abwechselnd Fleisch, Zwiebelhälften und Kartoffelwürfel

INFOS ZUM GRILL

- direktes Grillen bei 250 °C
- geschlossener Grill

Pro Portion
ca. 645 kcal/2703 kJ
49 g E, 17 g F,
68 g KH

stecken. Mit Olivenöl beträufeln, salzen, pfeffern und mit Deckel rundherum 5–8 Minuten kräftig grillen. Die Marinade in der Schale dazustellen und einköcheln lassen.

4 Die Polenta in Rauten schneiden, mit Öl beträufeln und mit Rosmarin bestreuen. Auf jeder Seite 1–2 Minuten grillen, es sollte ein schönes Rautenmuster entstehen. Zum Servieren die Spieße mit etwas eingeköchelter Marinade beträufeln und mit glatter Petersilie bestreuen. Dazu die Polentaschnitten sowie die übrige Marinade zum Dippen servieren.

Aufwand: leicht
Arbeitszeit: 35 Min.
Ruhe- und Marinierzeit: 12 Std.
Grillzeit: 5–8 Min.

FÜR 4 PORTIONEN

1 Tomahawk-Steak (1,2 kg)
4 große gekochte Kartoffeln
Kirschtomatenrispe
gesalzene Butter oder Kräuterbutter nach Belieben (siehe Seite 204)
Kräuteröl zum Beträufeln
Salz
schwarzer Pfeffer

AUSSERDEM
Grillthermometer

TOMAHAWK-STEAK MIT KARTOFFELN

1 Für das Steak den Backofen auf 100 °C vorheizen. Das Steak im Ofen auf eine Kerntemperatur von 52 °C bringen, das dauert 2–2 ½ Stunden. Währenddessen den Grill für direktes Grillen bei hoher Temperatur (300 °C) vorbereiten.

2 Die Kartoffeln in Alufolie wickeln und in der Glut bei geschlossenem Deckel 10 Minuten grillen, dabei einmal wenden. Das Steak aus dem Ofen nehmen und direkt bei geschlossenem Deckel scharf angrillen: auf einer Seite zunächst 90 Sekunden, um 45 Grad drehen, nochmals 90 Sekunden grillen und den Vorgang auf der anderen Seite wiederholen. Die Rispentomaten 90 Sekunden direkt mitgrillen.

3 Das Steak aufgeschnitten mit den geöffneten Folienkartoffeln, der Butter und den Tomaten servieren. Die Tomaten nach Belieben mit Öl beträufeln und würzen.

INFOS ZUM GRILL

- direktes Grillen bei 300 °C
- geschlossener Grill

Pro Portion
ca. 809 kcal/3391 kJ
72 g E, 41 g F,
39 g KH

Aufwand: leicht
Arbeitszeit: 5 Min.
Backzeit: 2–2 ½ Std.
Grillzeit: ca. 10 Min.

RÜCKWÄRTS GEGRILLTES CLUB-STEAK MIT KARTOFFELN UND CHIMICHURRI

FÜR 4 PORTIONEN

FÜR DIE STEAKS

4 Club-Steaks (ohne Knochen à 250 g, mit Knochen à 350 g)
Salz
schwarzer Pfeffer

FÜR DIE CHIMICHURRI-SAUCE

½ Bund glatte Petersilie
1 Bund Oregano
1 Knoblauchzehe
1 rote Chilischote
1 Limette
75 ml Olivenöl
Salz

FÜR DIE KARTOFFELN

800 g festkochende Kartoffeln
5 Rosmarinzweige
2 Knoblauchzehen
ca. 1,5 l Frittieröl
1 El Paprikapulver
1 El Currypulver
1 Tl Salz
1 Msp. Zucker

AUSSERDEM

idealerweise ein zweiter Grill (alternativ im Backofen zubereiten)
Grillform mit Rost
Grillthermometer

1 Einen Grill für die Zubereitung bei indirekter niedriger Hitze (100 °C) vorbereiten. Die Steaks abtupfen und ungewürzt auf dem Rost der Grillform bei geschlossenem Deckel vorgaren (alternativ im Backofen). Die Kerntemperatur des Fleisches soll auf 50 °C gebracht werden – immer wieder auf dem Grillthermometer kontrollieren. Dieser Vorgarprozess kann bis zu 2 Stunden dauern. Für die Fertigstellung einen Grill auf direktes Grillen bei 250 °C vorheizen. Die Steaks später auf dem Rost 90 Sekunden bis 2 Minuten direkt bei geschlossenem Deckel fertig garen (dabei soll eine Kerntemperatur von 56 °C erreicht werden), dabei einmal wenden. Die Steaks erst zum Schluss würzen.

2 Währenddessen für das Chimichurri die Kräuter waschen, trocken schütteln und die Blättchen hacken. In einer Schüssel mischen. Die Knoblauchzehe schälen und durch eine Presse dazudrücken. Die Chilischote halbieren, putzen, waschen und fein hacken. Die Limette auspressen. Beides mit dem Olivenöl und etwas Salz zu den Kräutern geben und alles gut verrühren, durchziehen lassen.

INFOS ZUM GRILL

- indirektes Grillen bei 100 °C und direktes Grillen bei 250 °C
- geschlossener Grill

Pro Portion
ca. 926 kcal/3883 kJ
58 g E, 62 g F,
35 g KH

3 Die Kartoffeln waschen, schälen und in nicht zu dünne Stifte schneiden. Rosmarin waschen und trocken tupfen. Knoblauch schälen und vierteln. Rosmarin und Knoblauch mit dem Frittierfett erhitzen. Ist das Öl ca. 150 °C heiß, die Kräuter mit einer Schaumkelle herausheben, sie verbrennen sonst und werden bitter. Die Kartoffeln hineingeben und ca. 15 Minuten hellgelb backen. Herausheben und abtropfen lassen. Die Kartoffeln nochmals im auf 180 °C erhitzten Frittieröl ca. 4 Minuten goldbraun und knusprig garen. Herausheben, abtropfen lassen und in einer Schüssel mit Paprika- und Currypulver, Salz und Zucker mischen.

4 Die Steaks mit den Kartoffeln sowie dem Chimichurri servieren.

Aufwand: mittel, erfordert Zeit und etwas Fingerspitzengefühl
Arbeitszeit: 40 Min.
Grillzeit: ca. 2 Std.

BÜRGERMEISTERSTÜCK MIT FENCHEL

FÜR 4 PORTIONEN

1 Bürgermeisterstück („Tri Tip", ca. 1,2 kg)
Pflanzenöl
Salz
schwarzer Pfeffer
4 Fenchelknollen
brauner Zucker
6 Kirschtomaten
Meersalz zum Bestreuen

AUSSERDEM
Grillthermometer

1 Den Grill für direktes und indirektes Grillen bei hoher Hitze (250 °C) vorbereiten. Das Fleisch parieren, ölen, salzen und zunächst rundum bei geschlossenem Deckel direkt scharf angrillen.

2 Dann den Grill für indirektes Grillen bei niedriger Hitze (140 °C) einrichten und das Fleisch bei geschlossenem Deckel auf eine Kerntemperatur von 56 °C bringen (medium), das dauert etwa 1 ½ Stunden.

3 Die Fenchelknollen waschen, putzen und in Scheiben (ca. 0,5 cm) schneiden, das Fenchelgrün beiseitelegen. Die Scheiben beidseitig mit Öl bestreichen, mit Salz, Pfeffer und Zucker bestreuen und zum Schluss der Grillzeit des Fleisches direkt bei geschlossenem Deckel auf jeder Seite 7 Minuten grillen. Die Kirschtomaten ebenfalls mit auf den Grill legen. Das Fenchelgrün fein hacken.

4 Das Fleisch vom Grill nehmen und einige Minuten ruhen lassen. Zum Servieren quer zur Faser aufschneiden, auf dem warmen Fenchel anrichten, mit Meersalz bestreuen und mit Kirschtomaten und Fenchelgrün belegen.

INFOS ZUM GRILL

- zunächst direktes Grillen bei 250 °C, dann indirektes Grillen bei 140 °C
- geschlossener Grill

Pro Portion
ca. 506 kcal/2121 kJ
63 g E, 23 g F,
12 g KH

Aufwand: leicht
Arbeitszeit: 10 Min.
Grillzeit: ca. 1 ½ Std.
Ruhezeit: einige Min.

DOUBLE-DOUBLE CHEESEBURGER

FÜR 4 PORTIONEN

FÜR DIE BUNS
4 Burger-Buns mit Sesam
(siehe Seite 178)

FÜR DIE PATTYS
1 trockenes Brötchen
ca. 120 ml lauwarme Milch
600 g Rinderhack
3 El fein gewürfelte rote Paprika
1 fein gewürfelte Zwiebel
1 Ei
1–2 El Worcestersauce
½ Tl Chilipulver
1 Tl getrockneter Thymian
1 Tl getrockneter Rosmarin
Salz
schwarzer Pfeffer

FÜR DIE TOPPINGS
4 große grüne Salatblätter
2 eingelegte Gurken
1 rote Zwiebel
Ketchup
Mayonnaise
4 Scheiben junger Gouda
4 Scheiben mittelalter Gouda

Aufwand: leicht
Arbeitszeit: 25 Min.
Grillzeit: ca. 10 Min.

1 Das Brötchen würfeln und 10 Minuten in der Milch einweichen, gut ausdrücken. Alle Zutaten bis auf die Gewürze in eine Schüssel geben und gut vermengen. Anschließend nach Belieben mit den Gewürzen abschmecken. Den Grill für die Zubereitung bei direkter hoher Hitze (240 °C) vorbereiten.

2 Mit feuchten Händen aus dem Teig vier Pattys formen und bei geschlossenem Deckel auf jeder Seite 4–5 Minuten grillen. Die Burger-Brötchen halbieren und die Schnittflächen kurz auf dem Grill antoasten.

3 Für die Toppings die Salatblätter waschen und trocken schütteln. Die Gurken in dünne Scheiben schneiden. Die Zwiebel abziehen und in dicke Scheiben schneiden.

4 Jeweils auf die untere Brötchenhälfte nach Belieben dicke Tupfer Ketchup und Mayonnaise setzen. Mit je 1 Salatblatt, 1 Käsescheibe und dem Patty belegen. Auf das noch heiße Patty die zweite Käsescheibe legen. Der Käse sollte auf dem Patty schmelzen. Mit Gurkenscheiben belegen und mit Zwiebelringen garnieren. Die obere Brötchenhälfte aufsetzen. Dazu mehr Ketchup und Mayonnaise servieren.

INFOS ZUM GRILL

- direktes Grillen bei 240 °C
- geschlossener Grill

Pro Portion
ca. 768 kcal/3219 kJ
49 g E, 47 g F,
37 g KH

FÜR 4 PORTIONEN

1 Flanksteak (ca. 800 g)
Salz
schwarzer Pfeffer
4 Ziegenkäsetaler
Kräuter der Provence
3–4 El gehackte Walnüsse
Honig zum Beträufeln

AUSSERDEM
Küchengarn
Holzspieße

FLANKSTEAKSPIESSE MIT ZIEGENKÄSE

1 Den Grill für direkte mittlere Hitze (220 °C) vorbereiten. Das Steak parieren und zu einem Rechteck schneiden. Vorsichtig der Länge nach auf-, aber nicht durchschneiden, sodass man das Fleisch aufklappen kann.

2 Dann salzen und pfeffern. Die Ziegenkäsetaler horizontal halbieren, das Fleisch damit bedecken und mit Kräutern der Provence würzen. Mit Nüssen bestreuen und mit Honig beträufeln.

3 Das Fleisch fest aufrollen und in Abständen mit Küchengarn so binden, dass man die Rolle dazwischen in Medaillons schneiden kann. Diese aufspießen und bei geschlossenem Deckel auf jeder Seite 2–3 Minuten grillen. Sofort servieren.

INFOS ZUM GRILL

- direktes Grillen bei 220 °C
- geschlossener Grill

Pro Portion
ca. 401 kcal/1682 kJ
52 g E, 21 g F,
2 g KH

PORTERHOUSE-STEAK MIT SALSA

FÜR 4 PORTIONEN

FÜR DAS STEAK

4 mittelgroße Porterhouse-Steaks
(à 400–450 g)
1 Knoblauchzehe
3 El Olivenöl
schwarzer Pfeffer
Salz

FÜR DIE SALSA

4 Frühlingszwiebeln
1 grüne Paprika
2 grüne Chilischoten
1 Bund Koriander
1 Bund Minze
2 fein gehackte Knoblauchzehen
2 Tomaten
2 Limetten
Salz
schwarzer Pfeffer
Kreuzkümmel

1 Die Steaks mit Küchenpapier abtupfen. Die Knoblauchzehe schälen, halbieren und mit den Schnittflächen das Fleisch einreiben. Zum Schluss das Olivenöl auf das Fleisch träufeln und alles kräftig mit Pfeffer würzen. Mit den Händen Öl und Pfeffer auf beiden Seiten in das Fleisch einmassieren. Dann mit Frischhaltefolie abgedeckt bei Zimmertemperatur ca. 1 Stunde ruhen lassen.

2 Für die Salsa die Frühlingszwiebeln waschen, putzen und das Weiße und Hellgrüne in sehr feine Ringe schneiden. Die Paprika und die Chilischoten waschen, halbieren und putzen. Die Paprika in sehr kleine Würfel schneiden, die Chilischoten hacken. Koriander und Minze waschen, trocken schütteln und die Blättchen abzupfen. Fein hacken und mit den Frühlingszwiebeln, der Paprika, den Chilischoten und dem Knoblauch in einer Schüssel mischen. Die Tomaten waschen, putzen und entkernen, dann das Fruchtfleisch in kleine Würfel schneiden. Die Limetten auspressen und den Saft mit den Tomatenwürfeln zu den anderen Salsa-Zutaten geben. Alles verrühren und mit Salz, Pfeffer und etwas Kreuzkümmel würzen. Den Grill für die Zubereitung bei direkter hoher Hitze (250 °C) vorbereiten.

INFOS ZUM GRILL

- direktes und indirektes Grillen bei 250 °C
- geschlossener Grill

Pro Portion
ca. 575 kcal/2411 kJ
72 g E, 22 g F,
21 g KH

3 Die Steaks salzen und bei geschlossenem Deckel ca. 6 Minuten direkt grillen, dabei einmal wenden. Gegen Ende der Grillzeit 4 Minuten in den indirekten Bereich ziehen. Vom Grill nehmen und 5–10 Minuten ruhen lassen, dann mit der Salsa und Brot servieren.

Aufwand: mittel bis etwas anspruchsvoll
Arbeitszeit: 30 Min.
Ruhezeit: ca. 1 Std. 10 Min.
Grillzeit: ca. 10 Min.

FÜR 6 PORTIONEN

1 Rinderbrust (ausschließlich Point, 1,4–1,8 kg)
BBQ-Rub (siehe Seite 200)
250 ml Rinderbrühe
Ahornsirup zum Abschmecken

AUSSERDEM
Hickory-Chunks
Grillthermometer
Grillschale

BURNT ENDS

1 Das Fleisch rundum kräftig mit dem BBQ-Rub einreiben und in einem großen Gefrierbeutel 1 Stunde im Kühlschrank durchziehen lassen. Den Grill für indirektes Grillen bei niedriger Hitze (120 °C) vorbereiten, die Kohle am besten ringförmig anordnen und die Chunks dazugeben. Das Fleisch indirekt zunächst auf eine Kerntemperatur von 75 °C ziehen, das kann bis zu 7 Stunden dauern. Alufolie zu einer Schale formen, die Rinderbrühe angießen, das Fleisch dazugeben und die Alufolie fest verschließen. Nun auf eine Kerntemperatur von 92 °C ziehen, das dauert noch einmal – je nach Fleischgröße – 1 ½ bis 3 Stunden.

2 Das Fleisch aus der Folie nehmen und in Würfel (2 x 2 cm) schneiden. Den Sud auffangen und nach Belieben mit Ahornsirup abschmecken. Fleisch und Sauce in einer Grillschale mischen und indirekt auf dem Grill bei geschlossenem Deckel etwa 45 Minuten fertig garen.

3 In der Schale platzieren, dazu schmeckt Fougasse (siehe Seite 182).

INFOS ZUM GRILL

- indirektes Grillen bei 120 °C
- geschlossener Grill

Pro Portion
ca. 541 kcal/2268 kJ
50 g E, 37 g F,
3 g KH

Aufwand: leicht, aber zeitintensiv
Arbeitszeit: 10 Min.
Zeit zum Durchziehen: 1 Std.
Grillzeit: 10–11 Std.

LAMMKARREE MIT TOMATENCHUTNEY

FÜR 6 PORTIONEN

FÜR DAS LAMMKARREE UND DEN RUB

2 Lammkarrees (à ca. 600 g)
1 El Meersalz
1 El zerstoßene weiße Pfefferkörner
1 El Rohrohrzucker
1 El abgeriebene Schale von 1 unbehandelten Orange
1 El getrockneter Kreuzkümmel
1 Tl gemahlener Kardamom
1 El fein gehackter Ingwer

FÜR DAS TOMATENCHUTNEY

1 Zwiebel
1 große Ochsenherztomate (400 g)
300 g reife Aprikosen, 1 El Olivenöl
4 El Aprikosensaft, 2 El Aceto balsamico
3 Salbeiblätter + 2 Blätter zum Dekorieren
1 rote Chilischote
2 El Birnendicksaft
80 g Rohrohrzucker
1 Tl edelsüßes Paprikapulver
Salz, schwarzer Pfeffer

FÜR DIE ORANGEN-INGWER-BUTTER

125 g Butter
2–3 El frisch gepresster Orangensaft mit Fruchtfleisch
1 Tl fein gehackter Ingwer
Salz, weißer Pfeffer

AUSSERDEM

Grillthermometer, feuerfester Topf oder Grillschale

1 Das Lammkarree parieren, die übrigen Zutaten miteinander in einem Mörser grob zu einem Rub zerstoßen. Das Fleisch kräftig damit einreiben und abgedeckt an einem kühlen Ort 1 Stunde ruhen lassen.

2 Währenddessen für das Chutney die Zwiebel schälen und fein würfeln. Die Tomate waschen, putzen und fein würfeln – dabei die Kerne entfernen. Die Aprikosen waschen, trocken tupfen, entsteinen und ebenfalls fein würfeln. Die Zwiebel im Olivenöl anschwitzen, dann Tomate, Aprikosen, Saft und Essig zugeben. Alles einmal aufkochen, dann die Temperatur stark reduzieren.

3 Alle Salbeiblätter waschen, trocken tupfen und fein schneiden, 2 Blätter für die Dekoration beiseitelegen. Die Chilischote waschen, putzen und ebenfalls fein hacken. 3 Salbeiblätter und Chili mit dem Dicksaft, dem Zucker und den Gewürzen in den Topf geben, gut umrühren und alles 20 Minuten bei niedriger Temperatur einköcheln lassen. Eventuell mehr Saft oder Zucker zugeben und abschmecken.

4 Den Grill für direktes Grillen bei mittlerer Hitze (200–220 °C) vorbereiten. Die Lammkarrees mit Deckel unter Wenden grillen, gegen

INFOS ZUM GRILL

- ▶ direktes und indirektes Grillen bei 200–220 °C
- ▶ geschlossener Grill

TIPP

Dazu schmeckt Pitabrot, das auf dem Grill indirekt bei geschlossenem Deckel 30 Sekunden auf jeder Seite geröstet wurde.

Pro Portion
ca. 845 kcal/3533 kJ
50 g E, 61 g F,
25 g KH

Ende in den indirekten Bereich ziehen – die Kerntemperatur sollte am Ende 60 °C betragen. In den letzten 5 Minuten der Grillzeit die Zutaten für die Orangen-Ingwer-Butter in einem feuerfesten Topf oder einer Grillschale indirekt auf dem Grill erwärmen und verrühren. Das Karree vom Grill nehmen und 3–4 Minuten ruhen lassen. Dann zu Koteletts schneiden und mit der Würzbutter beträufelt und mit Salbei bestreut zusammen mit dem Tomatenchutney servieren.

Aufwand: mittel
Arbeitszeit: 25 Min.
Kochzeit: 20 Min.
Ruhezeit: 1 Std. 10 Min.
Grillzeit: 20–25 Min.

FÜR 4 PORTIONEN

FÜR DEN KARTOFFELSALAT
1 kg festkochende mittelgroße Kartoffeln
grobes Meersalz
2 rote Paprika
2 El Olivenöl
schwarzer Pfeffer
Basilikumblätter zum Dekorieren

FÜR DAS PISTAZIENPESTO
1 Knoblauchzehe
1 Handvoll Basilikumblätter
50 g ungesalzene Pistazien
75 g Mayonnaise
1 El Weißweinessig
½ Tl Meersalz
½ Tl schwarzer Pfeffer

FÜR DAS STEAK
3–4 frische Rosmarinzweige
1 dickes T-Bone-Steak (1,2–1,4 kg, 4–6 cm dick)
Olivenöl zum Bestreichen
Meersalz
schwarzer Pfeffer

AUSSERDEM
1 gelochte Grillpfanne
1 große, flache Grillschale
Grillthermometer

T-BONE-STEAK MIT KARTOFFELSALAT

1 Für den Salat den Grill für direktes Grillen bei mittlerer Hitze (200 °C) vorbereiten. Die Kartoffeln waschen, mit Schale achteln und in Salzwasser bissfest garen. Die Paprika waschen, putzen und in mundgerechte Stücke schneiden. Kartoffeln, Paprika, Olivenöl, Salz und Pfeffer mischen und flach und gleichmäßig in einer gelochten Grillpfanne verteilen. Direkt auf dem Grill bei geschlossenem Deckel ca. 30 Minuten knusprig grillen.

2 Für das Pesto den Knoblauch schälen. Mit Basilikum und Pistazien mit einem Pürierstab fein zerkleinern. In einer Schüssel mit den übrigen Zutaten gut verrühren. Den Salat mit dem Pesto mischen, abschmecken und mit Basilikum dekorieren. Etwas durchziehen lassen.

3 Für das Steak den Grill für direktes Grillen bei hoher Hitze (250–280 °C) vorbereiten. Den Rosmarin waschen, trocken schütteln, die Nadeln abziehen und hacken. Das Steak beidseitig mit Olivenöl bestreichen, dann mit Rosmarin und Salz bestreuen. Direkt auf jeder Seite bei geschlossenem Deckel scharf angrillen.

4 Währenddessen im indirekten Bereich in einer großen, flachen Grillform Olivenöl vorwärmen. Das Steak hineinlegen – es sollte ca. bis zur Hälfte im Öl liegen –, den übrigen Rosmarin zugeben und das Steak indirekt bei geschlossenem Deckel und bei 100–120 °C auf eine Kerntemperatur von 55–56 °C bringen (medium), dabei einmal wenden. Der Vorgang kann bis zu 2 Stunden dauern.

INFOS ZUM GRILL

- zunächst direktes Grillen bei 200 °C, dann bei 250–280 °C, anschließend indirektes Grillen bei 100–120 °C
- geschlossener Grill

Pro Portion
ca. 944 kcal/3963 kJ
81 g E, 48 g F,
46 g KH

5 Zum Servieren das Steak aus der Schale nehmen, in Tranchen schneiden sowie kräftig salzen und pfeffern. Mit dem Kartoffelsalat anrichten.

Aufwand: mittel
Arbeitszeit: 5 Min.
Zeit zum Durchziehen: 1 Std.
Grillzeit: ca. 2 ½ Std.

LAMMKEBAB MIT TABOULEH UND MINZJOGHURT

FÜR 4 PORTIONEN

FÜR DEN KEBAB
500 g Lammfleisch aus Nacken oder Schulter
4 kleine grüne Spitzpaprika
8 Kirschtomaten
100 g dünne Speckscheiben

FÜR DIE MARINADE
1 Zwiebel, 1 Knoblauchzehe
4–6 El Olivenöl, 1 El Tomatenmark
1 Tl scharfes Paprikapulver
1 Tl Kreuzkümmel, 1 Tl gemahlener Zimt
Salz, schwarzer Pfeffer

FÜR DAS TABOULEH
3 Tassen Gemüsebrühe, 1 Tasse Bulgur
1 große rote Zwiebel
1 Handvoll Babyspinat
½ Bund glatte Petersilie
2 El Apfelessig, 2 El Olivenöl
1 Tl Chiliflocken, 1 Tl Sumach
Salz, schwarzer Pfeffer

FÜR DEN MINZJOGHURT
4 Stängel frische Minze, 250 g Joghurt
Saft und abgeriebene Schale von 1 kleinen unbehandelten Limette
1 Prise Knoblauchpulver
Salz, schwarzer Pfeffer

AUSSERDEM
4 große Grillspieße

1 Das Fleisch in mundgerechte Würfel schneiden. Für die Marinade die Zwiebel schälen und reiben, den Knoblauch schälen und pressen. Zwiebel und Knoblauch mit Olivenöl, Tomatenmark sowie den Gewürzen zu einer Marinade verrühren und mit dem Fleisch in einen Gefrierbeutel geben. Gut vermengen, den Beutel fest verschließen und über Nacht in den Kühlschrank legen.

2 Für das Tabouleh die Brühe aufkochen und den Bulgur einrühren. Den Herd ausschalten, einen Deckel aufsetzen und den Bulgur etwa 15 Minuten gar ziehen lassen. Währenddessen die Zwiebel schälen und grob hacken, den Spinat waschen, trocken schütteln und zerzupfen. Die Petersilie waschen, trocken schütteln und in feine Streifen schneiden. Die Gemüse mit dem Bulgur vermengen und aus den übrigen Zutaten eine Marinade anrühren. Den Salat damit anmachen und bis zum Servieren durchziehen lassen.

3 Für den Minzjoghurt die Minze waschen, trocken schütteln, die Blätter abzupfen und klein schneiden. Mit den übrigen Zutaten gut verrühren und abschmecken. Für die Spieße Spitzpaprika und Kirschtomaten waschen, putzen und

INFOS ZUM GRILL

- direktes Grillen bei ca. 250 °C
- geschlossener Grill

TIPP

Statt mit Tabouleh schmeckt das gegrillte Fleisch auch mit Gemüse der Saison in einem Fladenbrotviertel, mit Minzjoghurt beträufelt.

Pro Portion
ca. 730 kcal/3057 kJ
37 g E, 45 g F,
43 g KH

nach Belieben in mundgerechte Stücke schneiden. Den Grill für direktes Grillen bei hoher Hitze (ca. 250 °C) vorbereiten.

4 Das Fleisch aus der Marinade nehmen und abtropfen lassen, es darf aber ruhig noch reichlich Marinade daran haften bleiben. Abwechselnd mit Speck, Paprika und Tomaten auf Spieße ziehen, mit übriger Marinade beträufeln und bei geschlossenem Deckel 8 Minuten unter Wenden grillen. Sofort mit Tabouleh und Minzjoghurt servieren.

Aufwand: mittel
Arbeitszeit: 40 Min.
Marinierzeit: 12 Std.
Grillzeit: ca. 8 Min.

LAMMLACHSE MIT ORANGEN-FELDSALAT

FÜR 4 PORTIONEN

FÜR DEN RUB
1–2 Tl Espressobohnen
2 gehäufte El BBQ-Rub (siehe Seite 200)
1 Msp. Cayennepfeffer

FÜR DIE LAMMLACHSE
1 El fein gehackter Thymian
1 El fein gehackter Rosmarin
2 fein gehackte Knoblauchzehen
1 El BBQ-Kaffee-Rub (siehe oben)
50 ml Olivenöl
4 Lammlachse (à 200–250 g)

FÜR DEN FELDSALAT MIT ORANGEN
150 g Feldsalat
2 süße Orangen
50 g Walnusskerne
je 2 El Orangensaft, weißer Aceto balsamico und Olivenöl
1 El Honig
Salz
schwarzer Pfeffer

AUSSERDEM
Grillthermometer

1 Für den Rub die Kaffeebohnen fein zerstoßen und mit den anderen Zutaten mischen.

2 Für die Lammlachse Kräuter und Gewürze mit dem Öl zu einer Marinade mischen. Das Lammfleisch mit der Marinade in einen Gefrierbeutel geben (wer ein Vakuumiergerät besitzt, benutzt dieses) und luftdicht verschlossen über Nacht im Kühlschrank marinieren.

3 Den Grill für direktes Grillen bei mittlerer Hitze (220 °C) vorbereiten. Den Feldsalat waschen und trocken schütteln, die Orangen schälen und filetieren. Salat, Filets und Nüsse mit den übrigen Zutaten anmachen.

4 Das Fleisch abtupfen und bei geschlossenem Deckel auf jeder Seite 2–3 Minuten scharf angrillen. Danach indirekt noch 4–5 Minuten auf eine Kerntemperatur von 55–58 °C ziehen. Den Feldsalat mit Orangen zum Lammfleisch servieren.

INFOS ZUM GRILL

- zunächst direktes Grillen, dann indirektes Grillen bei 220 °C
- geschlossener Grill

Pro Portion
ca. 658 kcal/2755 kJ
66 g E, 39 g F,
12 g KH

Aufwand: mittel
Marinierzeit: 12 Std.
Arbeitszeit: 20 Min.
Grillzeit: ca. 10 Min.

RINDERFILET MIT SHERRYGLASUR, OLIVEN-TRAUBEN-SAUCE UND DRILLINGEN

FÜR 4 PORTIONEN

FÜR DAS RINDERFILET
1–1,2 kg Rinderfilet am Stück
Olivenöl zum Bepinseln
1 El gehackte Zitronenthymianblätter
1 El zerstoßene rosa Pfefferbeeren
Fleur de Sel
schwarzer Pfeffer

FÜR DIE GLASUR UND DIE SAUCE
2 Schalotten
1 El Olivenöl
100 ml Sherry + mehr Sherry für die Sauce
100 g Rohrohrzucker
gerebelter Rosmarin
Salz
schwarzer Pfeffer
200 g weiße kernlose Trauben
100 g schwarze Oliven ohne Stein

FÜR DIE DRILLINGE
3 El Olivenöl
1 El gehackte Rosmarinnadeln
300 g gekochte Pellkartoffeln (Drillinge)

AUSSERDEM
Grillguthalter für Gemüse oder 2 Spieße
1 mittelgroße Grillschale

1 Das Rinderfilet parieren und hauchdünn mit Olivenöl bepinseln. Die Kräuter und Gewürze mischen und das Fleisch damit würzen. Den Grill für direktes und indirektes Grillen bei mittlerer Hitze (200–220 °C) vorbereiten und den Braten direkt mit Deckel 20 Minuten rundherum grillen.

2 Währenddessen für die Glasur die Schalotten schälen, fein hacken und im Olivenöl anschwitzen. Sherry, Zucker und 100 ml Wasser zugeben, alles mischen und sirupartig einköcheln, das dauert etwa 15 Minuten. Den Sirup mit Rosmarin, Salz und Pfeffer abschmecken. Das Filet in der Glasur wenden und indirekt bei geschlossenem Deckel nochmals 25 Minuten grillen – die Glasur darf nicht zu trocken werden oder einbrennen, bei Bedarf mehr Glasur (eventuell mit mehr Sherry vermischt) über das Fleisch träufeln.

3 Währenddessen die Trauben waschen und wie die Oliven halbieren. Für die Drillinge Öl und Rosmarin mischen und die Kartoffeln darin wenden, sie sollten rundherum mit Kräuteröl bedeckt sein. Die Kartoffeln in einen Grillguthalter für Gemüse geben oder auf Spieße stecken. Das Filet vom Grill nehmen und 5–10 Minuten ruhen

INFOS ZUM GRILL

- direktes und indirektes Grillen bei 200–220 °C
- geschlossener Grill

Pro Portion
ca. 672 kcal/2819 kJ
61 g E, 24 g F,
46 g KH

lassen. Trauben, Oliven und mehr Sherry zur übrigen Glasur geben und währenddessen in einer Grillschale 5–10 Minuten indirekt bei geschlossenem Deckel auf dem Grill etwas einköcheln. Die Kartoffeln 4–5 Minuten direkt und mit Deckel auf dem Grill rösten, dabei einmal wenden und kontrollieren, dass sie rösten, aber nicht schwarz werden – sonst indirekt weitergrillen. Zum Servieren das Filet aufschneiden und Sauce sowie Kartoffeln dazureichen.

Aufwand: mittel
Arbeitszeit: 45 Min.
Grillzeit: ca. 50 Min.

FÜR 4 PORTIONEN

FÜR DIE KALBSKOTELETTS
4 Kalbskoteletts (3–4 cm dick)
Olivenöl zum Einreiben
Zitronensaft zum Einreiben
2 Knoblauchzehen
8 Rosmarinzweige
8 Thymianzweige
Meersalz
schwarzer Pfeffer

FÜR DEN WARMEN SALAT
4 Tomaten
400 g Schafskäse
1 rote Zwiebel
2 Knoblauchzehen
Oregano
geräuchertes Paprikapulver
Salz
schwarzer Pfeffer
100 ml Olivenöl
Peperoni nach Belieben

AUSSERDEM
Grillthermometer
Grillschale

KALBSKOTELETTS MIT WARMEM SALAT

1 Die Kalbkoteletts mit Olivenöl und Zitronensaft einreiben. Den Knoblauch schälen und in dünne Scheiben schneiden, die Kräuter waschen und trocken schütteln. Das Fleisch mit Knoblauch und Kräutern in einem Gefrierbeutel möglichst luftdicht verpacken, den Beutel fest an das Fleisch drücken und verschließen (wer ein Vakuumiergerät besitzt, benutzt dieses). Im Kühlschrank 3 Stunden marinieren.

2 Während die Koteletts marinieren, den warmen Salat vorbereiten. Die Tomaten waschen, putzen und in ca. 0,5 cm dicke Scheiben schneiden, den Käse ebenfalls in Scheiben schneiden. Die Zwiebel schälen und in Ringe schneiden, den Knoblauch schälen, fein hacken und mit den übrigen Zutaten bis auf die Peperoni zu einer Sauce verrühren. Die Peperoni abtropfen lassen. Käse und Tomaten abwechselnd in eine Grillschale füllen. Die Zwiebelringe auflegen, Sauce darübergießen und die Peperoni auflegen.

3 Die Koteletts ca. 1 Stunde vor Grillbeginn aus dem Kühlschrank nehmen und Raumtemperatur annehmen lassen. Den Grill zunächst für direktes, dann indirektes Grillen bei mittlerer Hitze (200 °C) vorbereiten. Die Koteletts direkt bei geschlossenem Deckel auf jeder Seite 2–3 Minuten scharf angrillen. Dann die Koteletts indirekt bei geschlossenem Deckel ca. 15 Minuten grillen, die Kerntemperatur sollte dann 60 °C betragen. Zum Servieren die Koteletts vom Grill nehmen und einige Minuten ruhen lassen. Während die Koteletts gegrillt werden und ruhen, das Gemüse indirekt auf dem Grill bei geschlossenem Deckel garen und zum Fleisch servieren.

INFOS ZUM GRILL

- zunächst direktes, dann indirektes Grillen bei 200 °C
- geschlossener Grill

Pro Portion
ca. 816 kcal/3421 kJ
55 g E, 65 g F,
4 g KH

Aufwand: mittel
Marinierzeit: 3 Std.
Arbeitszeit: 10 Min.
Grillzeit: ca. 20 Min.

BEEF BRISKET VOM GRILL AUF RUCOLASALAT

FÜR 10 PORTIONEN

3–5 kg Rinderbrust (nicht kleiner, sonst trocknet das Fleisch aus; flaches, mageres Stück mit dickerem, marmoriertem Stück vom Metzger)
Olivenöl zum Bestreichen
Butterflocken
1 große Tasse Fleischbrühe

FÜR DEN RUB
8 El Meersalz
4 El schwarzer Pfeffer
1 El Knoblauchpulver
1 El Rohrohrzucker

FÜR DEN MOP
200 ml Aceto balsamico
600 ml Malzbier
2 El dunkler Rübensirup
1 El Salz, 1 El schwarzer Pfeffer
1 El Chilipulver

FÜR DEN SALAT
6 Handvoll Rucola
12 El Olivenöl
6 El weißer Aceto balsamico
Salz, schwarzer Pfeffer
6 El Parmesanspäne

AUSSERDEM
Grillschale
4 Hickory-Chunks
Grillthermometer

1 Das Fleisch parieren und hauchdünn mit Olivenöl bepinseln. Die Gewürze für den Rub mischen und das Fleisch kräftig damit einreiben. Fest in Frischhaltefolie einwickeln und 12 Stunden, am besten über Nacht, im Kühlschrank durchziehen lassen.

2 Den Grill für indirektes Grillen bei niedriger Hitze (110–130 °C) vorbereiten, die Kohle ringförmig anordnen – Holz-Chunks intensivieren das Fleischaroma. Mittig unter das Fleisch eine mit heißem Wasser gefüllte Schale stellen. Das Fleisch aus der Frischhaltefolie wickeln und bei geschlossenem Deckel 5–6 Stunden bei gleichbleibender Temperatur grillen. Währenddessen die Zutaten für den Mop verrühren und das Fleisch alle 2 Stunden reichlich damit bestreichen.

3 Ist eine Kerntemperatur von 70 °C erreicht, das Fleisch in Alufolie wickeln, mit Butterflocken besetzen und Brühe angießen – es sollte nichts herauslaufen. Die Folie dicht und fest schließen und weitere 2–3 Stunden grillen, dann sollte die Kerntemperatur 88–92 °C betragen. Nach der Garzeit sollte das Fleisch noch 1 Stunde ruhen. Dazu am besten den Backofen auf 60 °C vorheizen und das Fleisch in der Folie hineinlegen.

INFOS ZUM GRILL

- indirektes Grillen bei 110–130 °C
- geschlossener Grill

Pro Portion
ca. 805 kcal/3366 kJ
43 g E, 71 g F,
1 g KH

4 Währenddessen den Rucola waschen und trocken schütteln. Aus den übrigen Zutaten bis auf den Parmesan eine Marinade anrühren und den Salat damit anmachen, dann mit dem Parmesan mischen. Das Fleisch aus der Folie nehmen und die Flüssigkeit auffangen, sie dient als Sauce. Das Fleisch quer zur Faser in Scheiben schneiden und auf einem Teller auslegen. Den Salat darauf anrichten. Dazu schmecken die Polentaschnitten von Seite 38.

Aufwand: etwas anspruchsvoller, braucht Zeit
Arbeitszeit: 30 Min.
Zeit zum Durchziehen und Ruhen: 12–13 Std.
Grillzeit: 8–9 Std.

FÜR 4 PORTIONEN

4 Kalbschnitzel
Salz
3 Eier
100 g Mehl
100 g Paniermehl
reichlich Butterschmalz zum Braten
Zitronenspalten zum Beträufeln

AUSSERDEM
Gusspfanne

WIENER SCHNITZEL AUS DER GUSSPFANNE

1 Die Schnitzel vorsichtig flach klopfen und salzen. Die verquirlten Eier, das Mehl und das Paniermehl jeweils auf einen Teller geben. Den Grill für direktes Grillen bei niedriger Hitze (170 °C) vorbereiten. Die Schnitzel im Mehl wenden, durch das Ei ziehen und dann im Paniermehl wenden.

2 In einer gusseisernen Pfanne auf dem Grill reichlich Butterschmalz zerlassen, die Schnitzel sollten darin schwimmen. Die Schnitzel darin auf jeder Seite 3–4 Minuten backen, dabei immer wieder mit heißem Fett beträufeln.

3 Die Schnitzel auf Küchenpapier abtropfen lassen und mit Kartoffelsalat (siehe Seite 56) servieren, dazu Zitronenspalten zum Beträufeln reichen.

INFOS ZUM GRILL

- direktes Grillen bei 170 °C
- offener Grill

Pro Portion
ca. 560 kcal/2340 kJ
51 g E, 26 g F,
30 g KH

Aufwand: einfach
Arbeitszeit: 10 Min.
Grillzeit: ca. 8 Min.

STEAK AND CHEESE MUSHROOMS

FÜR 4 PORTIONEN

4 Riesen-Champignons
4 rote Zwiebeln
Pflanzenöl
2 Rib-Eye-Steaks (à ca. 400 g)
Salz
schwarzer Pfeffer
200 g Cheddar in Scheiben

AUSSERDEM
Gusspfanne
Grillthermometer

1 Den Grill für indirektes und direktes Grillen bei hoher Hitze (220–240 °C) vorbereiten. Die Champignons putzen und den Stiel entfernen, die Zwiebeln schälen und in Ringe schneiden. Die Zwiebeln in wenig Pflanzenöl in einer Gusspfanne indirekt bei geschlossenem Deckel 3–4 Minuten anbraten, dann würzen und vom Grill nehmen.

2 Die Steaks ölen, salzen und pfeffern. Direkt bei geschlossenem Deckel auf jeder Seite 2–3 Minuten scharf angrillen, die Kerntemperatur sollte dann maximal 50 °C betragen. Vom Grill nehmen und 5 Minuten ruhen lassen. Die Steaks in 0,5 cm dicke Scheiben, diese dann in Streifen schneiden. Den Cheddar zerzupfen, mit Fleisch und Zwiebeln mischen, abschmecken und die Pilze damit füllen.

3 Die Pilze indirekt bei hoher Hitze (220–240 °C) und geschlossenem Deckel 4–5 Minuten grillen, bis der Käse zu zerlaufen beginnt. Vom Grill nehmen und sofort servieren. Wer mag, setzt die Pilze in aufgeschnittene Burger-Buns (siehe Seite 178).

INFOS ZUM GRILL

- indirektes und direktes Grillen bei 220–240 °C
- geschlossener Grill

Pro Portion
ca. 554 kcal/2324 kJ
59 g E, 34 g F,
2 g KH

Aufwand: einfach
Arbeitszeit: 15 Min.
Grillzeit: ca. 15 Min.

BACON-BOMBS MIT FRISCHKÄSE UND PILZEN

FÜR 4 PORTIONEN

FÜR DIE BACON-BOMBS
1 dicke Scheibe altbackenes Brot
150 ml Milch
1 Zwiebel
1 El Olivenöl
2 El getrocknete krause Petersilie
2 El getrockneter Majoran
Salz
schwarzer Pfeffer
1 El scharfer Senf
1 Ei
600 g gemischtes Hackfleisch
4 große braune Champignons
12 Scheiben Bacon
120 g Frischkäse

FÜR DEN DIP
100 ml dunkler Ahornsirup
3 El dunkler Aceto balsamico
2 El Tomatenmark
½ Tl Cayennepfeffer
Salz
schwarzer Pfeffer

AUSSERDEM
Hickory-Chunks
Grillschale
Zwiebelringe zum Dekorieren
grüne Peperoniringe zum Dekorieren

1 Das Brot würfeln und in der Milch 10 Minuten einweichen. Die Zwiebel schälen, fein würfeln und im Öl anschwitzen. Das Brot ausdrücken und mit der Zwiebel, den Kräutern und Gewürzen, dem Senf und dem Ei gleichmäßig unter das Hackfleisch mengen. Aus dem Hackteig vier flache Fladen formen.

2 Die Champignons putzen und würfeln. Eine kleine Schüssel mit jeweils 3 Baconscheiben überlappend so auslegen, dass möglichst alles bedeckt ist. Einen Hackfladen hineinlegen und mit Frischkäse und Pilzen füllen. Zu einer möglichst runden Kugel schließen und mit dem Bacon einwickeln. Auf diese Weise vier Bombs formen und diese dann 30 Minuten in den Kühlschrank stellen.

3 Währenddessen den Grill mit Hickory-Chunks für direktes und indirektes Grillen bei mittlerer Hitze (200–220 °C) vorbereiten. Die Bacon-Bombs direkt bei geschlossenem Deckel 5 Minuten unter Wenden grillen, dann 20–25 Minuten indirekt mit Deckel weitergrillen.

INFOS ZUM GRILL

- direktes und indirektes Grillen bei 200–220 °C
- geschlossener Grill

Pro Portion
ca. 828 kcal/3463 kJ
39 g E, 63 g F,
29 g KH

4 Die Zutaten für den Dip mit etwas Wasser in einer Grillschale verrühren, indirekt auf dem Grill erwärmen und einköcheln lassen – es sollte eine sämige, dickflüssige Sauce entstehen. Den Dip zu den Bacon-Bombs reichen oder diese bereits zum Servieren damit glasieren. Mit Zwiebel- und Peperoniringen dekorieren. Dazu schmecken Kartoffel-Wedges (siehe Seite 184) und Krautsalat.

Aufwand: leicht
Arbeitszeit: 15 Min.
Kühlzeit: 30 Min.
Grillzeit: ca. 30 Min.

KRUSTENBRATEN MIT MALZBIER UND KRAUTSALAT SWEET & SOUR

FÜR 6–8 PORTIONEN

FÜR DEN KRUSTENBRATEN
2,5 kg Schweineschulter oder -rücken
1,5 l Malzbier
4 El Olivenöl
4 El dunkler Honig
1 gehäufter Tl Knoblauchpulver
1 Tl gemahlener Kümmel
1 Tl feines Meersalz
1 Tl schwarzer Pfeffer
12 geschälte, halbierte Knoblauchzehen
12 Gewürznelken

FÜR DEN KRAUTSALAT SWEET & SOUR
1 kleiner Weißkohl
1 gehäufter Tl Salz
4 Schalotten
5 Scheiben frische Ananas
250 ml Apfelessig
150 ml Traubenkernöl
80 g Zucker
2 El grober süßer Senf
Saft und abgeriebene Schale
von ½ unbehandelten Limette

AUSSERDEM
Grillthermometer

1 Die Fettschicht des Krustenbratens rautenförmig bis knapp vor dem Fleisch (Vorsicht, nicht ins Fleisch hineinschneiden) einschneiden. Die übrigen Zutaten bis auf Knoblauchzehen und Nelken zu einer Marinade verrühren. Den Braten in einer großen Schüssel oder einem Bräter mit der Marinade bedecken und 1 ¼ Stunden an einem kühlen Ort ziehen lassen. Währenddessen den Grill für indirektes Grillen bei mittlerer Hitze (200 °C) vorbereiten.

2 Das Fleisch aus der Marinade nehmen und mit Küchenpapier gut abtupfen. Mit Knoblauchzehen und Nelken spicken und mit der Kruste nach oben ca. 2 Stunden indirekt bei geschlossenem Deckel grillen. Mit dem Grillthermometer die Kerntemperatur kontrollieren: Sie sollte etwa 80 °C betragen. Den Braten während des Grillens alle 20 Minuten mit der Marinade bepinseln, damit er schön knusprig wird.

3 Während des Grillens den Salat zubereiten. Für den Krautsalat den Kohl vierteln, waschen, vom Strunk befreien und fein hobeln. In einer Schüssel mit Salz bestreuen und mit den Händen weich kneten. Die Schalotten schälen und hacken, die Ananasringe in kleine Stücke schnei-

INFOS ZUM GRILL

- indirektes Grillen bei 200 °C
- geschlossener Grill

Pro Portion
ca. 1163 kcal/4869 kJ
65 g E, 87 g F,
31 g KH

den. Aus den übrigen Zutaten eine Marinade anrühren und den Salat gut damit vermengen. Kühl stellen und 1 Stunde durchziehen lassen.

4 Den Braten vor dem Servieren unter einer Haube aus Alufolie 15 Minuten ruhen lassen, dann am Tisch aufschneiden. Mit dem Krautsalat servieren. Dazu passen auch das Pull-apart-bread von Seite 175 oder frische Brezeln.

Aufwand: mittel
Arbeitszeit: 20 Min.
Marinierzeit: 1 1/4 Std.
Grillzeit: ca. 2 Std.
Zeit zum Durchziehen: 1 Std.
Ruhezeit: 15 Min.

AMERICAN STYLE HOT DOG

FÜR 4 PORTIONEN

FÜR DIE TOPPINGS
Gurkenrelish (siehe unten)
Ketchup quick'n spicy (siehe unten)
scharfer Senf
fein gewürfelte Zwiebeln

FÜR DIE HOT DOGS
4 Hot-Dog-Würstchen aus Schweine- und Rindfleisch
4 Hot-Dog-Brötchen

FÜR DEN KETCHUP QUICK'N SPICY
(ergibt 500–600 ml)
480 ml neutrale Tomatensauce aus der Flasche
170 g Tomatenmark
2 El Weißweinessig
60 g Zucker
1 Gewürznelke
1 Prise gemahlener Cayennepfeffer
1 Msp. Knoblauchpulver
1 Msp. Zwiebelpulver

FÜR DAS GURKENRELISH
8 Gewürzgurken
3 El Apfelessig
4 Gewürznelken
1 Lorbeerblatt
je 1 Prise Salz, schwarzer Pfeffer und Zucker
1 El fein gehackter Dill

1 Alle Zutaten für den Ketchup in einem Topf verrühren. Das Ganze bei mittlerer Temperatur zum Köcheln bringen und bei niedriger Temperatur 1 Stunde köcheln, zwischendurch regelmäßig umrühren. Die Nelke herausnehmen und den Ketchup glatt pürieren (der Ketchup hält sich im Kühlschrank etwa 2 Wochen).

2 Während der Ketchup köchelt, für das Relish die Gurken fein hobeln und in einem Sieb abtropfen lassen. Den Essig mit 3 Esslöffeln Wasser, Nelken und Lorbeerblatt kurz aufkochen, dann die übrigen Gewürze einrühren, bis sich Salz und Zucker aufgelöst haben. Gurken und Dill in einer Schale mischen, mit dem Sud übergießen und abgedeckt 30 Minuten ziehen lassen. Zum Servieren Nelken sowie Lorbeer entnehmen und die Flüssigkeit abgießen.

3 Den Grill für direktes Grillen bei mittlerer Hitze (180 °C) vorbereiten. Die Würstchen mehrfach einstechen oder schräg einschneiden, damit sie nicht platzen, und 5–8 Minuten direkt mit Deckel unter häufigem Wenden grillen. Die Brötchen ein-, aber nicht durchschneiden und auf den Schnittflächen direkt 30 Sekunden anrösten.

INFOS ZUM GRILL

- direktes Grillen bei 180 °C
- geschlossener Grill

TIPP

Alternativ statt der Zwiebelwürfel in einer Grillschale Zwiebelringe in etwas Olivenöl mit einer Prise Zucker indirekt auf dem Grill 15 Minuten weich dünsten.

Pro Portion
ca. 429 kcal/1799 kJ
18 g E, 26 g F,
32 g KH

4 Die Brötchenhälften mit etwas Senf bestreichen, die heißen Würstchen hineinlegen und üppig Zwiebelwürfel, Gurkenrelish, mehr Senf und Ketchup daraufgeben und sofort servieren.

Aufwand: leicht
Arbeitszeit: 15 Min.
Kochzeit: 1 Std.
Grillzeit: 5–8 Min.

PULLED-PORK-WRAP MIT RADICCHIO-NEKTARINEN-SALAT

FÜR 4 PORTIONEN

FÜR DAS PULLED PORK
1,8–2 kg Schweinenacken
4–5 El BBQ-Rub (siehe Seite 200)

FÜR DIE WRAPS
600 g Pulled Pork
4 El naturtrüber Apfelsaft
1 Tl Honig
½ Tl Pimentón dulce
4 Wraps

FÜR DEN SALAT
1 kleiner Radicchio
2 Handvoll Wildkräutersalat
2 Nektarinen

FÜR DAS SALATDRESSING
4 El helles Sesamöl
2 El Apfelessig
1 El Apfeldicksaft
Salz
schwarzer Pfeffer

AUSSERDEM
Grillkohle für Langzeitgrillen
Grillschale
Grillthermometer (für Innenraum und Fleisch)

1 Das Fleisch abtupfen, mit dem BBQ-Rub rundum kräftig einreiben, fest in Frischhaltefolie wickeln und über Nacht im Kühlschrank durchziehen lassen. Den Grill für langes indirektes Grillen bei niedriger Hitze (120–130 °C) vorbereiten, die Kohle im Grill ringförmig anordnen und mehr Grillkohle bereitstellen. Das Fleisch aus der Folie nehmen und Zimmertemperatur annehmen lassen. Eine Grillschale mit Wasser mittig in den Kohlen platzieren und das Fleisch indirekt bei geschlossenem Deckel 10–12 Stunden grillen – dabei muss die Temperatur im Grillinnenraum von 120–130 °C gehalten werden; immer wieder kontrollieren und eventuell Kohle nachlegen. Das Fleisch sollte am Ende eine Kerntemperatur von 90–95 °C erreichen.

2 Für das Dressing alle Zutaten miteinander verrühren und mit den Gewürzen abschmecken. Den Salat putzen, waschen und grob zerpflücken. Die Nektarinen schälen, vom Kern befreien und in dicke Spalten schneiden. Die Nektarinenspalten auf den Flächen 5 Minuten unter Wenden indirekt mitgrillen, sie sollten ein helles Streifenmuster bekommen. Salatblätter und Nektarinen mit dem Dressing marinieren.

INFOS ZUM GRILL

- indirektes Grillen bei 120–130 °C
- geschlossener Grill

Pro Portion
ca. 669 kcal/2800 kJ
46 g E, 38 g F,
37 g KH

TIPP

Die Garzeit lässt sich durch die sogenannte „Texaskrücke" um einige Stunden reduzieren: Hat das Fleisch eine Temperatur von ca. 75 °C erreicht, dick in Alufolie einwickeln und weitergrillen.

3 Pulled Pork vom Grill nehmen und in dicke Lagen Alufolie wickeln, 30 Minuten ruhen lassen. Noch warm zerzupfen und mit einer Mischung aus Apfelsaft, Honig und Pimentón dulce beträufeln. Die Wraps reichlich mit warmem Pulled Pork und Salat füllen, aufrollen und im unteren Drittel in Alufolie gewickelt servieren.

Aufwand: mittel, braucht Zeit
Arbeitszeit: 20 Min.
Zeit zum Durchziehen: 12 Std.
Grillzeit: 10–12 Std.
Ruhezeit: 30 Min.

ROLLBRATEN MIT COLE SLAW

FÜR 8 PORTIONEN

FÜR DEN BRATEN UND DIE FÜLLUNG
100 g Bacon
2 große Zwiebeln
Salz
schwarzer Pfeffer
2 kg Schweinenacken am Stück (ohne Knochen)
3 Tl scharfer Senf
3 dünne Scheiben Bergkäse

FÜR DEN COLE SLAW
1 kleiner Weißkohl
2 mittelgroße Karotten
50 g Ananas
1 Zwiebel
100 g Mayonnaise
150 g Joghurt
1 El Zitronensaft
1 El Weißweinessig
Salz
schwarzer Pfeffer
2 El fein gehackte, glatte Petersilie

AUSSERDEM
Küchengarn
Drehspieß (inkl. Ring/Grillaufsatz)
Grillschale mit Wasser
Grillthermometer

1 Den Bacon würfeln, die Zwiebeln schälen und ebenfalls würfeln. Den Bacon in einer Pfanne auslassen und knusprig braten, dann aus der Pfanne nehmen. Die Zwiebeln im Baconfett glasig werden lassen, kräftig würzen. Den Schweinenacken aufschneiden, aufklappen und ebenfalls würzen. Mit Senf bestreichen, dann mit Bacon, Zwiebeln und Käse belegen. Den Braten fest aufrollen, mit Küchengarn binden und auf einem Spieß fixieren. Den Grill für indirektes Grillen bei niedriger bis mittlerer Hitze (180–200 °C) und geschlossenem Deckel vorbereiten und eine mit Wasser gefüllte Grillschale mittig unter den Braten stellen. Nach ca. 2 Stunden sollte die Kerntemperatur des Fleisches ca. 75 °C betragen.

2 Während des Grillens den Weißkohl putzen, waschen und vierteln. Den harten Strunk entfernen und die Blätter in feine Streifen schneiden. In eine große Schüssel geben, mit 1 Esslöffel Salz bestreuen und mit den Händen kräftig durchkneten. Die Karotten putzen, schälen und in dünne Stifte schneiden (alternativ eine Küchenreibe benutzen). Die Ananas sehr fein schneiden. Die Zwiebel schälen und fein würfeln. Die Zutaten zu den Kohlstreifen in die Schüssel geben. Die Mayonnaise mit Joghurt, Zitronensaft und Essig verrühren und mit Salz und Pfeffer abschmecken. Das Obst und Gemüse mit dem Dressing gut vermischen. Die Petersilie unterheben. Den Salat im Kühlschrank mindestens 1 Stunde durchziehen lassen.

3 Das Fleisch vom Grill nehmen, 5 Minuten ruhen lassen und vom Garn befreien. Aufschneiden und mit Cole Slaw servieren – dazu schmeckt frisches Fougasse (siehe Seite 182).

INFOS ZUM GRILL

- indirektes Grillen bei 180–200 °C
- geschlossener Grill

Pro Portion
ca. 742 kcal/3106 kJ
52 g E, 56 g F,
1 g KH

Aufwand: mittel
Arbeitszeit: 25 Min.
Grillzeit: ca. 2 Std.

SPARERIBS MIT BBQ-RUB UND SÜSS-SCHARFER GLASUR

FÜR 4 PORTIONEN

FÜR DIE SPARERIBS
4 Rippenbögen

FÜR DEN BBQ-RUB
4 El scharfes Paprikapulver
4 El grobes Meersalz
4 El Rohrohrzucker
1 El Senfpulver
2 El Chilipulver
2 El gemahlener Kreuzkümmel
2 El gemahlener bunter Pfeffer
2 El gemahlener Ingwer

FÜR DIE GLASUR
6 El Ahornsirup
4 El Teriyakisauce
6 El Tomatenmark
1 El Chilipaste
100–150 ml Apfelsaft

AUSSERDEM
Holz-Chunks (Hickory, Buche, Kirsche)
Grillschale

1 Die Rippchen sehr sorgfältig parieren und zurechtschneiden oder den Metzger darum bitten. Für den Rub alle Zutaten mischen und am besten in eine trockene Streudose füllen. Die Rippchen zunächst auf der Knochenseite kräftig mit dem Rub einreiben, dann 30 Minuten bei Zimmertemperatur ruhen lassen. Genauso mit der Fleischseite verfahren und den übrigen Rub für weitere Zubereitungen verwahren.

2 Den Grill für indirektes Grillen bei niedriger Hitze (130–140 °C) vorbereiten, die Holz-Chunks in die Glut geben und die Grillschale mit Wasser mittig in die Kohle hineinstellen – so kann sich das tropfende Fett nicht entzünden und die Hitze verbreitet sich gleichmäßig im Grill. Die Rippchen 2 ½ Stunden bei geschlossenem Deckel grillen, mit der Knochenseite nach unten beginnen und nach der Hälfte der Zeit wenden. Das Fleisch sollte dann schon sehr weich sein. Währenddessen die Zutaten für die Glasur verrühren, sie sollte sämig, aber noch flüssig sein.

3 Die Rippchen sehr vorsichtig vom Grill nehmen, in Alufolie legen und reichlich mit der Glasur bestreichen. Es sollte etwas Flüssigkeit am Boden der Folie stehen. Dick einwickeln – die

INFOS ZUM GRILL

- indirektes Grillen bei 130–140 °C
- geschlossener Grill

Pro Portion
ca. 768 kcal/3219 kJ
44 g E, 55 g F,
25 g KH

Folie darf nicht reißen! – und die Rippchen nochmals 1 ½ Stunden indirekt bei geschlossenem Deckel grillen.

4 Die Rippchen sehr vorsichtig aus der Alufolie wickeln (das Fleisch sollte sich schon gut von den Knochen lösen) und wieder auf den Grill legen. Nochmals dick mit Glasur bestreichen und indirekt bei geschlossenem Deckel weitere 30 Minuten grillen, immer wieder glasieren. Die übrige Glasur beim Servieren als Sauce dazureichen. Dazu schmecken der Paprika-Frühlingszwiebel-Salat von Seite 168 oder die gebutterten Maiskolben von Seite 105 und Pommes frites.

Aufwand: dauert etwas länger
Arbeitszeit: 15 Min.
Ruhezeit: 1 Std.
Grillzeit: ca. 4 ½ Std.

GEBEIZTE SCHWEINEKOTELETTS MIT WASSERMELONE UND MINZPESTO

FÜR 4 PORTIONEN

FÜR DIE KOTELETTS UND DIE BEIZE
4 dicke Schweinekoteletts
(2–2,5 cm dick)
200 ml Cidre
150 ml Apfelessig
2 El Olivenöl + Olivenöl zum Beträufeln
4 fein gewürfelte Schalotten
3 fein gehackte Knoblauchzehen
2 El grobes Salz
2 gehackte Thymianzweige

FÜR DAS MINZPESTO
1 Bund Minze
3 El Pinienkerne
abgeriebene Schale und Saft
von ½ unbehandelten Limette
1 El Agavendicksaft
3 El Olivenöl

FÜR DIE ZITRONENBUTTER
80 g Butter
1 El Joghurt
1 El Zitronenmelisseblätter
abgeriebene Schale von
½ unbehandelten Zitrone
Meersalz
weißer Pfeffer

AUSSERDEM
½ rote Wassermelone
Nachos

1 Die Schweinekoteletts mit Küchenpapier trocken tupfen. Die übrigen Zutaten zu einer Beize verrühren und die Koteletts darin abgedeckt an einem kühlen Ort über Nacht ziehen lassen – sie sollten dabei vollständig von der Beize bedeckt sein.

2 Für das Pesto die Minze waschen, trocken schütteln und die Blätter von den Stielen zupfen. Die Pinienkerne in einer Pfanne ohne Fett rösten. Alle Zutaten in einem hohen Gefäß mit dem Pürierstab zu einem glatten Pesto verarbeiten. Die Wassermelone mit Schale in etwa 2 cm dicke Scheiben schneiden.

3 Für die Zitronenbutter die Butter schaumig rühren, Joghurt, Zitronenmelisse, Zitronenschale, Salz und Pfeffer unterrühren und die Butter kalt stellen. Den Grill für direktes und indirektes Grillen bei mittlerer bis hoher Hitze (230–240 °C) vorbereiten.

4 Die Koteletts aus der Beize nehmen und mit Küchenpapier abtupfen. Vor dem Grillen 10 Minuten bei Zimmertemperatur ruhen lassen und mit etwas Olivenöl beträufeln. Die Koteletts

INFOS ZUM GRILL

- direktes und indirektes Grillen bei 230–240 °C
- geschlossener Grill

Pro Portion
ca. 711 kcal/2982 kJ
48 g E, 44 g F,
27 g KH

direkt bei geschlossenem Deckel 8–10 Minuten grillen, dabei einmal wenden. Während der zweiten Grillphase die Melonenscheiben indirekt bei geschlossenem Deckel auf jeder Seite 2 Minuten mitgrillen. Die Koteletts mit Melonenscheiben, Zitronenbutter, Minzpesto und Nachos servieren.

Aufwand: leicht
Arbeitszeit: 30 Min.
Marinierzeit: 12 Std.
Ruhezeit: 10 Min.
Grillzeit: 8–10 Min.

FÜR 6 PORTIONEN

200 g Walnusskerne
100 g Butter
Salz
schwarzer Pfeffer
1–2 Tl getrockneter Thymian
1,2 kg Ibérico-Karree

FÜR DIE PAPAS ARUGADAS
1 kg kleine Kartoffeln
250 g Meersalz

FÜR DIE RAHMCHAMPIGNONS
1 kleine Zwiebel
2 Knoblauchzehen
400 g Champignons
2 El Olivenöl
Salz
schwarzer Pfeffer
1 El frisch gehackte krause Petersilie
100 g Crème fraîche

AUSSERDEM
Grillthermometer
Grillschale

IBÉRICO-KARREE MIT WALNUSSKRUSTE

1 Die Walnüsse mit dem Pürierstab sehr fein zerkleinern. Die Butter bei mittlerer Hitze zerlassen und mit Walnüssen und Gewürzen zu einer Paste rühren. Gleichmäßig auf ein Stück Alufolie verstreichen, die Fläche sollte in etwa die Größe des Fleisches haben. Im Kühlschrank fest werden lassen. Den Grill für direktes Grillen bei hoher Hitze (250 °C) vorbereiten.

2 Das Fleisch mit Salz und Pfeffer würzen und direkt bei hoher Hitze (250 °C) bei geschlossenem Grill auf jeder Seite 2 Minuten scharf angrillen. Danach indirekt bei geringer Hitze (150 °C) garen. Erreicht die Kerntemperatur des Fleisches 40 °C, wird die Walnusskruste aufgelegt, sehr vorsichtig andrücken. Bei einer Kerntemperatur von 64 °C ist das Fleisch fertig – das kann bis zu 2 Stunden dauern.

3 Währenddessen die Kartoffeln waschen und in der Schale mit dem Salz in einen Topf geben. Mit Wasser bedecken und 30 Minuten kochen. Das Wasser abgießen, aber die Kartoffeln im Topf bei geringer Hitze wieder auf den Herd stellen: So bildet sich eine feine Salzkruste darauf. Gelegentlich etwas rütteln.

4 Für die Rahmchampignons Zwiebel und Knoblauch schälen und fein hacken, die Pilze putzen und in dicke Scheiben schneiden. In der Grillschale ca. 20 Minuten vor Ende der Grillzeit des Fleisches Zwiebel und Knoblauch indirekt auf dem Grill glasig werden lassen, dann die Pilze unterheben und 8–10 Minuten erhitzen. Umrühren, würzen, dann Petersilie und Crème fraîche einrühren.

INFOS ZUM GRILL

- zunächst direktes Grillen bei 250 °C, dann indirektes Grillen bei 150 °C
- geschlossener Grill

Pro Portion
ca. 917 kcal/3839 kJ
53 g E, 65 g F,
29 g KH

5 Das Fleisch vom Grill nehmen und einige Minuten ruhen lassen. Zum Servieren in Scheiben schneiden und mit Papas arugadas und

Aufwand: mittel

FILETSPIESSE MIT ORANGEN-PFEFFER-SAUCE UND CHICORÉESALAT

FÜR 4 PORTIONEN

FÜR DEN CHICORÉESALAT
4 Chicorées, ½ Grapefruit
300 g Joghurt
1 Tl Honig, 1 El Walnussöl
1 El geriebener Meerrettich aus dem Glas
1 El Zitronensaft
1 Prise Zucker, 1 Prise Meersalz

FÜR DIE SAUCE
8 El Orangenmarmelade
2–3 El Orangensaft
1 Schuss Orangenlikör
2 El Tabasco „Chipotle"
1 El helles Sesamöl
1 El grüner Pfeffer aus dem Glas
Salz, schwarzer Pfeffer

FÜR DIE FILETSPIESSE
750 g Schweinefilet
12 Schalotten
Honig zum Bestreichen
Olivenöl zum Bestreichen
Salz, schwarzer Pfeffer

AUSSERDEM
Grillspieße
frisches, knuspriges Weißbrot
Schmelzkäse mit Paprika

Aufwand: leicht
Arbeitszeit: 20 Min.
Grillzeit: ca. 10 Min.

1 Den Chicorée waschen, putzen und in große Stücke zupfen. Die Grapefruit schälen und filetieren, dabei den Saft auffangen. Aus dem Saft und den übrigen Zutaten ein Dressing anrühren und Chicorée sowie Grapefruitfilets damit anmachen. Für die Sauce alle Zutaten miteinander verrühren und abschmecken.

2 Den Grill für direktes Grillen bei mittlerer bis hoher Hitze (230 °C) vorbereiten. Das Schweinefilet parieren und in mundgerechte Würfel schneiden, die Schalotten schälen. Fleisch und Schalotten abwechselnd auf Spieße stecken. Den Honig mit etwas Wasser mischen. Das Fleisch mit dem Öl, die Schalotten mit der Honigmischung bestreichen und die Spieße würzen. Bei geschlossenem Deckel 10 Minuten unter Wenden direkt grillen. Hat das Fleisch schon kräftig Farbe genommen, in den letzten Minuten in den indirekten Bereich ziehen.

3 Die Spieße mit der Sauce beträufelt servieren und die übrige Sauce dazureichen. Dazu schmecken der Chicoréesalat sowie gegrillte Brotscheiben, die mit Schmelzkäse bestrichen werden.

INFOS ZUM GRILL

- direktes und indirektes Grillen bei 230 °C
- geschlossener Grill

Pro Portion
ca. 417 kcal/1746 kJ
47 g E, 12 g F,
26 g KH

KROSSER SCHWEINEBAUCH MIT COLE SLAW

FÜR 8 PORTIONEN

FÜR DEN SCHWEINEBAUCH UND DIE FÜLLUNG

1,5 kg Schweinebauch mit Schwarte
8 Scheiben durchwachsener Schinken
2 fein gehackte Knoblauchzehen
1 El getrockneter Rosmarin
1 El getrockneter Oregano
1 Tl grobes Meersalz
Kokosblütensirup zum Bestreichen

AUSSERDEM

Küchengarn
Drehspieß (inkl. Ring/Grillaufsatz)
Grillthermometer

Pro Portion
ca. 723 kcal/3023 kJ
38 g E, 61 g F,
9 g KH

Aufwand: mittel
Arbeitszeit: 25 Min.
Grillzeit: ca. 2 1/4 Std.

1 Den Schweinebauch von Knorpeln befreien, zum Füllen einschneiden und flach aufklappen. Den Schinken in Rauten schneiden und diese mit dem Knoblauch und den Gewürzen mischen. Den Schweinebauch innen gleichmäßig damit bedecken, das Fleisch aufrollen (die Schwarte zeigt nach außen) und fest mit Küchengarn binden. Den Grill für indirektes Grillen bei mittlerer Hitze (180–200 °C) vorbereiten. Den Schweinebauch auf den Spieß ziehen und auf dem Grill bei geschlossenem Deckel ca. 2 1/4 Stunden grillen. Die Kerntemperatur des Fleisches sollte am Ende 75–80 °C betragen. Etwa 10 Minuten vor Ende der Grillzeit die Schwarte mit Kokosblütensirup bepinseln und etwas karamellisieren lassen.

2 Den Schweinebauch vom Grill nehmen, 5 Minuten ruhen lassen und vom Garn befreien. Aufschneiden und mit Cole Slaw (siehe Seite 80) servieren – dazu schmeckt frisches Fougasse (siehe Seite 182).

INFOS ZUM GRILL

- indirektes Grillen bei 180–200 °C
- geschlossener Grill

SCHWEINEBAUCH MIT BREZELFÜLLUNG

FÜR 8 PORTIONEN

FÜR DIE FÜLLUNG
5 Laugenbrezeln
400 ml Milch
3 Eier
Salz
schwarzer Pfeffer
1 Prise frisch geriebener Muskat
1 Zwiebel
Pflanzenöl zum Braten
1 Bund gehackte krause Petersilie

FÜR DEN SCHWEINEBAUCH
2 kg küchenfertiger Schweinebauch am Stück
Salz
schwarzer Pfeffer
gemahlener Knoblauch
Kümmelsaat

AUSSERDEM
Grillthermometer
grüner Salat
Weizenbier

1 Für die Füllung die Brezeln in kleine Stücke (ca. 1,5 x 1,5 cm) schneiden. Die Milch erwärmen und die Eier verquirlen. Milch und Eier verrühren, würzen und über die Brezelwürfel gießen, einige Minuten durchziehen lassen.

2 Die Zwiebel schälen, fein würfeln und im Pflanzenöl glasig werden lassen. Mit der Petersilie unter den Brezelteig arbeiten.

3 Den Grill für indirektes Grillen bei mittlerer Hitze (200 °C) vorbereiten. In den Schweinebauch eine Tasche schneiden und den Brezelteig einfüllen. Die Schwarte des Schweinebauchs diagonal über Kreuz tief, aber nicht bis zum Fleisch, einschneiden. Mit Salz und Pfeffer würzen, dann mit Knoblauch und Kümmel kräftig einreiben.

4 Das Fleisch bei geschlossenem Deckel ca. 2 Stunden grillen, es sollte dann eine Kerntemperatur von 75–80 °C haben.

5 Zum Servieren vom Grill nehmen, einige Minuten ruhen lassen und dann in dicke Scheiben schneiden. Dazu schmecken ein frischer grüner Salat und ein Weizenbier.

INFOS ZUM GRILL

- indirektes Grillen bei 200 °C
- geschlossener Grill

Pro Portion
ca. 663 kcal/2771 kJ
42 g E, 49 g F,
17 g KH

Aufwand: mittel
Arbeitszeit: 20 Min.
Grillzeit: ca. 2 Std.

BRATWURSTKRANZ MIT APFEL-KARTOFFEL-SALAT

FÜR 4 PORTIONEN

8 Rostbratwürste, Rindsbratwürste oder Thüringer Würste

FÜR DEN SELBST GEMACHTEN SENF
250 g feines Senfmehl
1 gehäufter El Salz
4 El feiner Zucker
150 ml 5 %-iger Weißweinessig

FÜR DEN APFEL-KARTOFFEL-SALAT
400 g vorwiegend festkochende Kartoffeln
Salz
1 großer säuerlicher Apfel
Saft von ½ Zitrone
2 Zwiebeln
100 g Parmaschinken
50 ml Gemüsebrühe
50 ml naturtrüber Apfelsaft
2 El Butter
schwarzer Pfeffer

AUSSERDEM
8 Holzspieße

1 Das Senfmehl mit Salz und Zucker mischen. Den Essig mit 180 ml Wasser aufkochen, etwas abkühlen lassen und dann die trockene Mischung damit nach und nach zu beliebiger Konsistenz anrühren. In ein sauberes Schraubglas füllen, das Glas verschließen und kühl lagern.

2 Für den Salat die Kartoffeln waschen und in der Schale in Salzwasser nicht zu weich garen. Währenddessen den Apfel waschen und mit der Schale in sehr feine Stifte schneiden, dann mit Zitronensaft beträufeln. Die Zwiebeln schälen, fein würfeln und in eine Schüssel geben. Den Schinken würfeln und in einer Pfanne auslassen. Die Gemüsebrühe mit dem Apfelsaft aufkochen und über die Zwiebeln geben, abgedeckt ziehen lassen. Die Butter zerlassen.

3 Die Kartoffeln abgießen, abschrecken und pellen. In dicke Scheiben schneiden und mit dem Schinken und den Apfelstiften unter die Zwiebeln in der Brühe heben. Kräftig würzen und mit der Butter übergießen. Abgedeckt an einem kühlen Ort durchziehen lassen.

INFOS ZUM GRILL

- direktes Grillen bei 200–220 °C
- geschlossener Grill

4 Jede Bratwurst zum Kranz winden und diesen mit einem Holzstab fixieren. Den Grill für direktes Grillen bei mittlerer Hitze (200–220 °C) vorbereiten und die Bratwürste mehrfach einstechen. Rundherum direkt mit Deckel 10–15 Minuten grillen. Die Würste sind gar, wenn die Haut leicht aufgeplatzt und die ganze Wurst gleichmäßig knusprig ist. Mit selbst gemachtem Senf und Apfel-Kartoffel-Salat servieren.

Aufwand: leicht
Arbeitszeit: 25 Min.
Zeit zum Durchziehen: 1 Std.
Grillzeit: 10–15 Min.

GYROS VOM GRILL MIT TSATSIKI

FÜR 6 PORTIONEN

FÜR DIE MARINADE
1 El getrockneter Koriander
1 El getrockneter Thymian
1 Tl getrockneter Kreuzkümmel
1 El getrockneter Oregano
1 El getrockneter Majoran
1 El edelsüßes Paprikapulver
1 El Chilipulver
schwarzer Pfeffer
2 fein gewürfelte Knoblauchzehen
2 fein gewürfelte Zwiebeln
250 ml Olivenöl
250 g griechischer Joghurt

FÜR DAS GYROS
4 Zwiebeln
2 große rote Paprika
8–10 Nackensteaks
(jedes 0,5–0,7 cm dick)

FÜR DAS TSATSIKI
1 Salatgurke
Salz
500 g griechischer Joghurt
2 fein gehackte Knoblauchzehen
2 El Olivenöl
1 Spritzer Zitronensaft

AUSSERDEM
Küchengarn und/oder Rouladennadeln
Grillschale
frisches Fladenbrot

1 Die Zutaten für die Marinade gut mischen. Die Zwiebeln für das Gyros schälen und in dicke Ringe oder Spalten schneiden, die Paprika waschen, putzen und in größere Stücke schneiden.

2 Die Steaks abtupfen und mit den anderen Zutaten schichten – am besten gelingt das mithilfe einer viereckigen Backform oder einer Gefrierbox (zuvor das Küchengarn in die Form legen, damit man es nach dem Einlegen gut binden kann). Ein Steak üppig mit Marinade bestreichen, darauf Zwiebeln und Paprika schichten, darauf wieder ein mit Marinade bestrichenes Steak legen und so fortfahren, bis alle Zutaten geschichtet wurden, die letzte Lage sollte ein Steak sein. Das Gyros mit dem Küchengarn fest binden und im Kühlschrank 12 Stunden, am besten über Nacht, marinieren.

3 Für das Tsatsiki die Gurke schälen und fein reiben. Anschließend salzen und 10 Minuten ziehen lassen. Dann ausdrücken und mit den übrigen Zutaten verrühren.

4 Den Grill für indirektes Grillen bei mittlerer Hitze (180–200 °C) vorbereiten und eine Schale mit Wasser unter das Gyros stellen. Das Gyros mit Deckel unter vorsichtigem Wenden ca.

INFOS ZUM GRILL

- indirektes Grillen bei 180–200 °C
- geschlossener Grill

Pro Portion
ca. 863 kcal/3610 kJ
38 g E, 73 g F,
13 g KH

1 Stunde grillen. Das Küchengarn entfernen, eventuell das Gyros nun mittig mit Rouladennadeln fixieren. Dann kann die knusprige äußere Schicht abgeschnitten und serviert werden. Weitergrillen und immer wieder nachreichen. Mit Tsatsiki und – nach Belieben auf dem Grill geröstetem – Fladenbrot servieren.

Aufwand: mittel
Arbeitszeit: 30 Min.
Marinierzeit: 12 Std.
Grillzeit: 1–2 Std.

FÜR 4 PORTIONEN

2 Schweinefilets (à 400 g)

FÜR DIE MARINADE

80 ml Aceto balsamico
40 ml Olivenöl
1 El Sojasauce
1 El brauner Zucker
1 gehackte Knoblauchzehe
1 El Rosmarinnadeln
½ Tl schwarzer Pfeffer

FÜR DEN GEGRILLTEN SPARGEL MIT SCHNITTLAUCH-DIP

16–20 grüne Spargelstangen
16–20 Scheiben Bacon
200 g Joghurt (1,5 % Fett)
300 g Magerquark
2 El Schnittlauchröllchen
1 Spritzer Zitronensaft
Salz
schwarzer Pfeffer

AUSSERDEM

Zedernholzplanke
Olivenöl zum Bestreichen
Grillthermometer
Kirschtomatenrispe für die Dekoration

ROSMARIN-BALSAMICO-SCHWEINEFILET

1 Die Zedernholzplanke ca. 3 Stunden wässern. Die Zutaten für die Marinade mischen und in einen Gefrierbeutel füllen. Das Fleisch darin fest verschlossen im Kühlschrank 3–4 Stunden marinieren. Den Grill für direktes und indirektes Grillen bei mittlerer Hitze (200 °C) vorbereiten.

2 Die Zedernholzplanke abtrocknen und direkt auf dem offenen Grill 2–3 Minuten antoasten, dann auf einer Seite mit Olivenöl bestreichen. Das Filet aus der Marinade nehmen, etwas abtupfen und auf der getoasteten, geölten Seite der Planke direkt 5 Minuten bei geschlossenem Deckel grillen, dann in den indirekten Bereich ziehen. Nach 30–40 Minuten sollte das Filet eine Kerntemperatur von 64 °C erreicht haben. Vom Grill nehmen und noch einige Minuten ruhen lassen.

3 Vom Spargel die Enden abschneiden und jede Stange fest mit einer Baconscheibe umwickeln. Die Zutaten für den Dip verrühren und den Grill für direktes Grillen bei geringer Hitze (150 °C) vorbereiten. Den Spargel direkt und unter Wenden 5 Minuten bei geschlossenem Deckel grillen, bis der Bacon knusprig ist. Nach Belieben die Tomatenrispe für die Dekoration mit auf den Grill legen. Das Filet auf der Planke servieren und Spargel, Dip und Tomaten dazureichen.

INFOS ZUM GRILL

- direktes und indirektes Grillen bei 200 °C, dann direktes Grillen bei 150 °C
- geschlossener Grill

Pro Portion
ca. 721 kcal/3017 kJ
63 g E, 48 g F,
10 g KH

Aufwand: mittel, etwas zeitaufwendig
Zeit zum Wässern und Marinieren: 6–7 Stunden
Arbeitszeit: 15 Min.

WÜRZIGE SPIESSE MIT PAPRIKA UND KRÄUTERGLASUR

FÜR 4 PORTIONEN

FÜR DIE MARINADE UND GLASUR
5 El dunkler Honig + mehr Honig zum Bestreichen
5 El Sesamöl
2 El Gewürzmischung (siehe unten)

FÜR DIE SPIESSE
600–750 g Schweinefilet
1 große oder 2 kleine rote Paprika
1 große oder 2 kleine grüne Paprika
100 g Speck
1 El Sesamsaat zum Bestreuen
1 El Zitronenthymianblätter zum Bestreuen

FÜR DIE GEWÜRZMISCHUNG
4 El Salz, 1 El weißer Pfeffer
1 Tl Senfpulver
1 Msp. gemahlene Nelken
1 Msp. gemahlener Koriander
1 El Cayennepfeffer
1 Tl scharfes Paprikapulver
1 Tl Zwiebelpulver

FÜR DIE BRATKARTOFFELN
600 g gegarte Pellkartoffeln
2–3 El Olivenöl
½ Tl getrockneter Rosmarin
Meersalz

AUSSERDEM
8 Grillspieße
Gusspfanne oder Grillschale

1 Für die Marinade alle Zutaten verrühren. Für die Spieße das Fleisch in mundgerechte Stücke schneiden und in einen Gefrierbeutel füllen. Die Marinade zum Fleisch geben, den Beutel verschließen, alles gut mischen und mindestens 30 Minuten im Kühlschrank marinieren. Die Paprika waschen, putzen und in etwa 2,5 cm große Stücke schneiden, den Speck in Scheiben schneiden.

2 Den Grill für direktes und indirektes Grillen bei mittlerer Hitze (200 °C) vorbereiten. Fleisch, Paprika und Speck abwechselnd auf die Spieße ziehen. Die Spieße zunächst direkt ohne Deckel 3–4 Minuten rundherum scharf anrösten, dann mit der Marinade aus dem Beutel glasieren und indirekt mit Deckel 3–4 Minuten unter Wenden garen. Zum Servieren mit Sesamsaat und Zitronenthymian bestreuen.

3 Die Pellkartoffeln in dicke Scheiben schneiden. Das Öl in einer gusseisernen Pfanne (alternativ in einer Grillschale) direkt auf dem Grill erhitzen und die Scheiben zugeben. Im Öl wenden und mit Rosmarin bestreuen. Unter weiterem Wenden etwa 10 Minuten kross braten, mit Salz abschmecken und zu den Spießen reichen.

Aufwand: leicht
Arbeitszeit: 30 Min.
Marinierzeit: 30 Min.
Grillzeit: 6–8 Min.

INFOS ZUM GRILL

- direktes und indirektes Grillen bei 200 °C
- geschlossener Grill

Pro Portion
ca. 690 kcal/2891 kJ
44 g E, 40 g F,
38 g KH

TIPP

Für Reis-Timbale vom Grill 2 Tassen Reis in Salzwasser kochen. Nach Belieben mit Gemüse oder Mandeln und Rosinen mischen und in gebutterte kleine Grillschalen füllen. Mit einem Holzlöffelstiel Vertiefungen in die Oberfläche drücken und Butterflocken hineingeben. Auf dem Grill direkt bei mittlerer Hitze 4–5 Minuten grillen, dabei wird die Reisunterseite schön kross. Stürzen und servieren.

Pro Portion
ca. 353 kcal/1476 kJ
44 g E, 12 g F,
17 g KH

ORANGENHÄHNCHEN MIT CHILI-COLA-DIP

FÜR 4 PORTIONEN

4 Hähnchenbrustfilets (à 180 g)

FÜR DIE MARINADE
3 El Olivenöl
4 fein gehackte Knoblauchzehen
1 fein gewürfelte Zwiebel
1 El Pimentón de la Vera
(scharfes span. Paprikapulver)
1 El getrockneter Koriander
1 Tl Salz
1 Tl schwarzer Pfeffer
abgeriebene Schale und Saft
von ½ unbehandelten Orange

FÜR DEN CHILI-COLA-DIP
2 Schalotten
1 El dunkles Sesamöl
330 ml Cola
2 El Sojasauce
1 El Rotweinessig
100 ml Ketchup
½ Tl Chilipaste
Salz
schwarzer Pfeffer

Aufwand: leicht
Arbeitszeit: 15 Min.
Marinierzeit: 30 Min.
Grillzeit: ca. 15 Min.

1 Für die Hähnchenmarinade das Olivenöl erhitzen, Knoblauch und Zwiebel darin glasig werden lassen. Die Gewürze sowie Orangenschale und -saft einrühren, alles etwas einköcheln lassen und noch warm auf die gewaschenen und trocken getupften Filets streichen. Die übrige Marinade darübergießen. Die Hähnchenbrustfilets abgedeckt 30 Minuten marinieren.

2 Währenddessen den Dip zubereiten. Die Schalotten schälen, fein würfeln und im Sesamöl glasig werden lassen. Die übrigen Zutaten gleichmäßig unterrühren, alles kurz aufkochen. Den Grill für direktes Grillen bei mittlerer Hitze (180–200 °C) vorbereiten.

3 Die Hähnchenbrustfilets aus der Marinade nehmen, diese etwas abstreifen und das Fleisch bei geschlossenem Deckel 15 Minuten unter Wenden leicht knusprig grillen. Im Ganzen oder aufgeschnitten mit dem Dip servieren. Dazu schmecken Reis-Timbale (siehe Tipp).

INFOS ZUM GRILL

- direktes Grillen bei 180–200 °C
- geschlossener Grill

CHICKEN WINGS MIT BLAUSCHIMMELKÄSE-DIP

FÜR 4 PORTIONEN

FÜR DIE CHICKEN WINGS
20 Hähnchenflügel
4–6 El Waldhonig zum Bepinseln
reichlich Pimentón de la Vera (scharfes span. Paprikapulver) zum Bestäuben

FÜR DEN KÄSE-DIP
100 g Blauschimmelkäse
125 g Magerquark
3 El Joghurt
2 El Schnittlauchröllchen
2 fein gehackte Schalotten
1 Tl Zitronensaft
Salz
schwarzer Pfeffer

Pro Portion
ca. 473 kcal/1982 kJ
35 g E, 32 g F,
12 g KH

Aufwand: leicht
Arbeitszeit: 15 Min.
Grillzeit: 20–25 Min.

1 Den Grill für direktes und indirektes Grillen bei mittlerer bis hoher Hitze (220–240 °C) vorbereiten. Die Chicken Wings abspülen, mit Küchenpapier abtupfen und bei geschlossenem Deckel 5 Minuten direkt grillen, dabei einmal wenden – sie sollen außen schön knusprig werden.

2 Den Honig mit wenig Wasser verrühren und die Wings damit bepinseln. Indirekt auf dem Grill bei geschlossenem Deckel nochmals 15–20 Minuten unter Wenden grillen. Die Wings dabei ruhig immer wieder mit Honig bepinseln, dann üppig mit Paprikapulver bestäuben.

3 Für den Käse-Dip den Blauschimmelkäse zerbröseln und alle Zutaten cremig miteinander verrühren. Die Wings in einer großen Schüssel mittig auf den Tisch stellen, damit sich jeder selbst bedient, und den Käse-Dip dazureichen.

INFOS ZUM GRILL

- direktes und indirektes Grillen bei 220–240 °C
- geschlossener Grill

TIPP

Lecker dazu sind selbst gemachte Kartoffel-Wedges (siehe Seite 184) und gegrillter Buttermais: Vorgegarte Maiskolben bei direkter mittlerer Hitze (180–200 °C) und geschlossenem Deckel 10–15 Minuten grillen, bis sie weich und zart angeröstet sind. Mit zerlassener gesalzener Butter beträufelt servieren.

FÜR 4 PORTIONEN

800 g Kartoffeln
5 Tomaten
2 kleine Zucchini
2 Zwiebeln
3 Knoblauchzehen
50 ml Olivenöl + Olivenöl zum Grillen
600 g Hähnchenbrustfilet
1 Tl getrockneter Rosmarin
1 El getrockneter Oregano
1 El getrockneter Thymian
1 Tl geräuchertes Paprikapulver
Salz
schwarzer Pfeffer

AUSSERDEM
Gusspfanne

MEDITERRANE HÄHNCHENPFANNE

1 Die Kartoffeln schälen und würfeln, die Tomaten waschen, putzen, vom Stielansatz befreien und achteln. Die Zucchini waschen, der Länge nach halbieren und in mundgerechte Stücke schneiden.

2 Zwiebeln und Knoblauch schälen und in Ringe beziehungsweise feine Scheiben schneiden. Den Grill für direktes Grillen bei hoher Hitze (240 °C) vorbereiten.

3 50 ml Öl in einer gusseisernen Pfanne direkt auf dem Grill hoch erhitzen und die Hähnchenbrustfilets darin 2–3 Minuten rundum scharf anbraten, um Röstaromen zu erzeugen.

4 Das Fleisch aus der Pfanne nehmen und beiseitelegen, in der Pfanne nun den Knoblauch 1 Minute anrösten. Den Grill nun für indirektes Grillen bei geringer Hitze (180 °C) einrichten.

5 Kartoffeln, Gemüse, mehr Öl, Kräuter und Gewürze in die Pfanne geben und verrühren. Die Hähnchenbrustfilets unterheben und alles indirekt bei geschlossenem Deckel 1 ½ Stunden garen, währenddessen zwei- oder dreimal umrühren. Sobald die Kartoffeln weich sind, kann in der Pfanne serviert werden.

INFOS ZUM GRILL

- zunächst direktes Grillen bei 240 °C, dann indirektes Grillen bei 180 °C
- geschlossener Grill

Pro Portion
ca. 529 kcal/2218 kJ
53 g E, 14 g F,
46 g KH

Aufwand: einfach
Arbeitszeit: 15 Min.
Grillzeit: ca. 1 ½ Std.

ALOHA-HÄHNCHENSCHENKEL MIT GEMÜSE-TACOS

FÜR 4 PORTIONEN

4 sehr große Hähnchenschenkel
(à 250 g)

FÜR DIE MARINADE
150 ml Kokosmilch
4 El Erdnusscreme
1 El heller Ahornsirup
4 El Ananasmarmelade
2 El Sonnenblumenöl
½ El Sambal Oelek
1 gehäufter Tl frisch geriebener Ingwer
1 Tl mildes Chilipulver
1 Tl Kurkuma
Salz
weißer Pfeffer

FÜR DIE PANADE
6 El Kokosflocken
4 El Röstzwiebeln

FÜR DIE GEMÜSE-TACOS
2 Handvoll Babyspinat
(alternativ Mangold)
12 bunte kleine Tomaten
1 Mango (alternativ 8 Aprikosen)
4 Scheiben frische Ananas
2 El Himbeeressig
4 El helles Sesamöl
2–3 El süßer Senf
Salz
schwarzer Pfeffer
4 Taco-Schalen

1 Für die Hähnchenschenkel aus Kokosmilch, Erdnusscreme, Sirup, Marmelade, Öl und Sambal Oelek eine sämige Creme anrühren und mit dem Ingwer sowie den Gewürzen mild-scharf abschmecken. Wird die Creme zu dick, mehr Kokosmilch zugeben. Leicht erwärmen und die gewaschenen, abgetupften Hähnchenschenkel dick damit bestreichen. In Gefrierbeutel geben und mindestens 2 Stunden im Kühlschrank marinieren.

2 Währenddessen für die Panade die Kokosflocken und Röstzwiebeln in einem tiefen Teller mischen. Für die Füllung der Tacos den Spinat waschen, trocken tupfen und zerzupfen, Tomaten und Mango waschen bzw. schälen, putzen und mit den Ananasscheiben in kleine Stücke schneiden. Essig, Öl, Senf und Gewürze verrühren und den Salat damit anmachen. Den Grill für indirektes Grillen bei mittlerer Hitze (180–200 °C) vorbereiten.

3 Die Hähnchenschenkel aus den Gefrierbeuteln nehmen, wenig von der Marinade abstreifen und das Fleisch bei geschlossenem De-

INFOS ZUM GRILL

- indirektes Grillen bei 180–200 °C
- geschlossener Grill

Pro Portion
ca. 839 kcal/3508 kJ
51 g E, 56 g F,
34 g KH

ckel unter Wenden 50–55 Minuten grillen, zum Schluss immer wieder mit der übrigen Marinade bestreichen. Vorsichtig vom Grill nehmen und mit beiden Seiten fest in die Panademischung drücken.

4 Die Taco-Schalen mit Salat füllen und zu den Hähnchenschenkeln servieren.

Aufwand: leicht
Arbeitszeit: 20 Min.
Marinierzeit: 2 Std.
Grillzeit: 50 Min.–1 Std.

TERIYAKI-HÄHNCHEN-SPIESSE

FÜR 4 PORTIONEN

800 g Hähnchenbrustfilet
200 ml helle Sojasauce
200 ml Sake (japanischer Reiswein)
2 El Honig
100 ml Sesamöl
1 ½ El frisch geriebener Ingwer
2 fein gehackte Knoblauchzehen
Salz
schwarzer Pfeffer

AUSSERDEM
Grillspieße
Grillschale

Pro Portion
ca. 648 kcal/2712 kJ
66 g E, 28 g F,
18 g KH

Aufwand: leicht
Arbeitszeit: 20 Min.
Marinierzeit: 12 Std.
Grillzeit: ca. 10 Min.

1 Das Hähnchenfleisch waschen, trocken tupfen und in lange Streifen (etwa 1,5 cm dick) schneiden. Die übrigen Zutaten zu einer Teriyaki-Marinade beziehungsweise -Sauce verrühren. Die Hälfte davon in ein Schraubglas füllen und kühl lagern, mit der anderen Hälfte die Fleischstreifen in einer flachen Schale bestreichen, übergießen und darin abgedeckt über Nacht marinieren.

2 Den Grill für direktes Grillen bei mittlerer bis hoher Hitze (230 °C) vorbereiten. Das Fleisch aus der Marinade nehmen, abtupfen und leicht wellig auf Grillspieße stecken (Holzspieße vorher wässern!). Direkt bei geschlossenem Deckel 10 Minuten grillen, dabei einmal wenden. In den letzten Minuten die Teriyaki-Sauce aus dem Glas in einer Grillschale auf dem Grill erwärmen und zu den Spießen servieren. Dazu schmecken Grillgemüse (siehe unten) und Kropok.

TIPP

Grillgemüse ist leicht zuzubereiten und schmeckt zu vielen Gerichten. Paprika, Speisezwiebeln, Zucchini oder Gemüse nach Belieben waschen, putzen und in große Stücke beziehungsweise lange, dicke Scheiben schneiden. Mit Olivenöl beträufeln, nach Belieben würzen und direkt auf dem Grill bei mittlerer hoher Temperatur (230 °C) 3–4 Minuten auf jeder Seite grillen.

INFOS ZUM GRILL

- direktes Grillen bei 230 °C
- geschlossener Grill

HÄHNCHENFILET MIT ROTWEIN-REDUKTION

FÜR 4 PORTIONEN

4 Hähnchenbrustfilets

FÜR DIE MARINADE
2 Granatäpfel
250 ml Rotwein
2 El Senf
4 El Honig
4 El Aceto balsamico
1 Tl schwarzer Pfeffer

FÜR DEN FELDSALAT CAPRESE
500 g Feldsalat
12 Kirschtomaten
Salz
schwarzer Pfeffer
4 El Olivenöl
2–3 El weißer Balsamico
1 Handvoll Parmesanhobel

AUSSERDEM
2 mittelgroße Salzplanken
(siehe Seite 124)
Grillthermometer

1 Für die Marinade die Granatäpfel halbieren und auspressen, man benötigt ca. 300 ml Saft. Einige Kerne für die Dekoration beiseitelegen. Den Saft mit den übrigen Zutaten verrühren. Mit der Hälfte dieser Marinade die Hähnchenbrustfilets in luftdicht verschlossenen Gefrierbeuteln 24 Stunden im Kühlschrank marinieren (wer ein Vakuumiergerät besitzt, benutzt dieses).

2 Die übrige Marinade unter Rühren bei mittlerer Hitze auf dem Herd auf ca. ein Viertel reduzieren. Den Grill für indirektes Grillen bei mittlerer Hitze (200 °C) vorbereiten. Die Salzplanken auflegen und Temperatur nehmen lassen, dann die Hähnchenbrustfilets aus der Marinade nehmen, mit Küchenpapier abtupfen und auflegen. Bei geschlossenem Deckel indirekt grillen und die Filets nach 15–20 Minuten mit der Reduktion bestreichen, nach weiteren 5 Minuten nochmals bestreichen. Das Fleisch sollte am Ende eine Kerntemperatur von ca. 75 °C haben.

3 Währenddessen den Feldsalat waschen und trocken schütteln, die Tomaten waschen und halbieren. Salat und Tomaten mit den übrigen Zutaten mischen. Die Filets von der Planke nehmen und in Scheiben schneiden. Mit der übrigen Reduktion beträufeln und mit dem Feldsalat servieren, mit restlichen Granatapfelkernen dekorieren.

INFOS ZUM GRILL

- indirektes Grillen bei 200 °C
- geschlossener Grill

Pro Portion
ca. 554 kcal/2324 kJ
62 g E, 15 g F,
33 g KH

Aufwand: einfach bis mittel
Marinierzeit: 24 Std.
Arbeitszeit: 15 Min.
Grillzeit: 20–25 Min.

Pro Portion
ca. 933 kcal/3904 kJ
73 g E, 66 g F,
13 g KH

GEFÜLLTE PUTENBRUST MIT GUACAMOLE

FÜR 4 PORTIONEN

1 große Putenbrust (ca. 1 kg)

FÜR DIE FÜLLUNG
2 große rote Paprika
2 Knoblauchzehen
150 g gewürfelter Bacon
8–10 schwarze und/oder grüne Oliven ohne Stein
2 El Paprikapaste (alternativ Tomatenmark)
250 g Frischkäse
1 Msp. Cayennepfeffer
Salz
schwarzer Pfeffer

FÜR DIE GUACAMOLE
2 Avocados
8 Stängel Koriandergrün
1 fein gehackte kleine Zwiebel
1 entkernte, fein gehackte rote Chilischote
Salz
schwarzer Pfeffer

AUSSERDEM
Küchengarn
Pitabrot

Aufwand: leicht
Arbeitszeit: 40 Min.
Grillzeit: 1–1 1/4 Std.
Ruhezeit: 10 Min.

1 Für die Füllung der Putenbrust die Paprika waschen, putzen und in feine Würfel schneiden. Den Knoblauch schälen und fein hacken. Paprika und Knoblauch mit dem Bacon, den Oliven, der Paprikapaste und dem Frischkäse mischen und kräftig würzen. Die Putenbrust waschen, trocken tupfen, aufschneiden und etwas flach drücken oder klopfen. Mittig mit der Frischkäsecreme füllen. Aufrollen und mit Küchengarn binden. Den Grill für indirektes Grillen bei mittlerer Hitze (200–220 °C) vorbereiten.

2 Die Putenbrust indirekt bei geschlossenem Deckel 1–1 1/4 Stunden unter Wenden grillen. Wird sie zu kross oder zu dunkel, die Hitze reduzieren. Das Fleisch vom Grill nehmen und 10 Minuten unter einer Haube aus Alufolie ruhen lassen.

3 Während des Grillens die Guacamole zubereiten. Die Avocados halbieren, entkernen und den Kern beiseitelegen. Das Fruchtfleisch aus den Hälften löffeln und in einer Schüssel mit einer Gabel zerdrücken. Das Koriandergrün waschen, trocken schütteln und die Blättchen abzupfen, sehr fein hacken. Alle Zutaten miteinander mischen und abschmecken. Den Avocadokern zum Püree geben, damit es bis zum Servieren seine frische grüne Farbe behält. Dazu schmeckt Pitabrot.

INFOS ZUM GRILL

- indirektes Grillen bei 200–220 °C
- geschlossener Grill

TANDOORI-CHICKEN MIT APRIKOSENCHUTNEY

FÜR 4 PORTIONEN

4 Hähnchenbrustfilets (à 180 g)

FÜR DIE MARINADE
400 g Joghurt
2 durchgepresste Knoblauchzehen
1 kleine fein geriebene Zwiebel
1 El frisch geriebener Ingwer
4 El Limettensaft
Salz, schwarzer Pfeffer

FÜR DAS APRIKOSENCHUTNEY
4 fein gewürfelte Zwiebeln
2 El Sesamöl
500 g fein gewürfelte Aprikosen
50 g fein geschnittener kandierter Ingwer
1 Tl gemahlener Koriander
1 Msp. gemahlener Kardamom
1 El süßer Senf, 1 Tl Salz
1 Prise mildes Chilipulver
4 El Apfelessig
150 El Weißwein

FÜR DEN CURRY-DIP
5 El Joghurt
1 El Mayonnaise
1 El gelbe Currypaste
1 Spritzer Limettensaft
Salz, schwarzer Pfeffer

AUSSERDEM
Naan-Brot

1 Die Zutaten für die Marinade gut verrühren, eventuell mehr Limettensaft zugeben. Die Hähnchenbrustfilets in eine flache Schale legen, mit der Marinade bedecken und zugedeckt 3 Stunden im Kühlschrank ziehen lassen.

2 Währenddessen für das Chutney die Zwiebeln im Sesamöl anschwitzen, dann die übrigen Zutaten zugeben und alles miteinander aufkochen. Die Temperatur reduzieren und das Chutney 15–20 Minuten dickflüssig einköcheln lassen. Die Zutaten für den Dip miteinander verrühren. Den Grill für direktes Grillen bei mittlerer Hitze (180–200 °C) vorbereiten.

3 Die Hähnchenbrustfilets aus der Marinade nehmen, die Marinade abstreifen und die Filets etwas abtupfen. Direkt bei geschlossenem Deckel 10–15 Minuten unter Wenden grillen und mit Dip und Chutney servieren. Dazu schmeckt kurz auf dem Grill geröstetes Naan-Brot.

Aufwand: mittel
Arbeitszeit: 50 Min.
Zeit zum Durchziehen: 3 Std.
Grillzeit: 10–15 Min.

INFOS ZUM GRILL

- direktes Grillen bei 180–200 °C
- geschlossener Grill

Pro Portion
ca. 456 kcal/1905 kJ
48 g E, 13 g F,
28 g KH

FÜR 4 PORTIONEN

2 große Hähnchenbrustfilets
1 El BBQ-Rub (siehe Seite 200)
2 El helles Sesamöl
2 große Äpfel
Honig zum Bestreichen
Sesamsaat zum Bestreuen

AUSSERDEM
4 Holzspieße

HÄHNCHENSPIESSE MIT HONIGGLASUR

1 Die Hähnchenbrustfilets abtupfen und in ca. 2,5 x 2,5 cm große Würfel schneiden. Rub und Öl vermischen und die Fleischwürfel damit in einem luftdicht verschlossenen Gefrierbeutel 15 Minuten im Kühlschrank marinieren.

2 Währenddessen die Äpfel schälen, entkernen und ebenfalls in mundgerechte Würfel schneiden. Den Grill für direktes und indirektes Grillen bei mittlerer Hitze (200 °C) vorbereiten. Hähnchen- und Apfelwürfel abwechselnd auf die Holzspieße ziehen.

3 Die Spieße direkt rundherum unter Wenden bei geschlossenem Deckel scharf angrillen, dann mit Honig bestreichen und mit Sesam bestreuen. Indirekt ca. 10 Minuten gar ziehen und karamellisieren lassen.

4 Heiß servieren, dazu schmecken Kartoffel-Wedges (siehe Seite 184) und Limetten-Chili-Mayonnaise (siehe Seite 204).

INFOS ZUM GRILL

- direktes und indirektes Grillen bei 200 °C
- geschlossener Grill

Pro Portion
ca. 220 kcal/920 kJ
30 g E, 6 g F,
11 g KH

Aufwand: mittel
Arbeitszeit: 10 Min.

Pro Portion
ca. 776 kcal/3250 kJ
30 g E, 37 g F,
71 g KH

ENTENBRUST MIT BANYULS-GEWÜRZ-SAUCE UND BRATAPFEL

FÜR 4 PORTIONEN

FÜR DIE ENTENBRUST UND DIE SAUCE
2 El Olivenöl + Olivenöl zum Bestreichen
300 g Pflaumenmus
150 ml Banyuls (oder ein anderer kräftiger Süßwein)
2 El Ahornsirup
je 1 Msp. gemahlener Zimt, Kardamom und gemahlene Nelken
Rauchsalz
schwarzer Pfeffer
4 Entenbrustfilets (à 170 g)

FÜR DEN BRATAPFEL UND DIE FÜLLUNG
4 süßsäuerliche Äpfel
6–8 El Zwiebelmarmelade
2 Tl Baconwürfel
2 El gehackte Walnüsse
½ Tl gerebelter Rosmarin

AUSSERDEM
2 Grillschalen

Aufwand: mittel
Arbeitszeit: 10 Min.
Grillzeit: ca. 25 Min.
Ruhezeit: 5 Min.

1 Alle Zutaten für die Sauce miteinander glatt rühren und die Entenbrustfilets abtupfen. Das Fleisch mit der Sauce in einen großen oder vier kleine Gefrierbeutel geben und luftdicht verschlossen bei Raumtemperatur 15 Minuten ziehen lassen.

2 Währenddessen für die Bratäpfel die Äpfel waschen und das Kerngehäuse ausstechen, aber einen Boden belassen. Die Zutaten für die Füllung mischen und mittig einfüllen, die Äpfel in eine Grillschale setzen. Den Grill für direktes und indirektes Grillen bei mittlerer Hitze (220 °C) vorbereiten. Die Bratäpfel in der Grillschale direkt bei geschlossenem Grill etwa 25 Minuten bissfest-weich garen.

3 Die Sauce vom Fleisch streifen, die Sauce aus dem Beutel in eine Grillschale füllen. Das Fleisch mit Olivenöl bestreichen und direkt bei geschlossenem Deckel 8–10 Minuten grillen, dabei einmal wenden. Die Sauce dabei indirekt auf dem Grill erwärmen. Zum Servieren das Fleisch vom Grill nehmen und 5 Minuten ruhen lassen, dann aufschneiden. Mit der Sauce und den Bratäpfeln servieren.

INFOS ZUM GRILL

- direktes und indirektes Grillen bei 220 °C
- geschlossener Grill

PUTENROULADEN MIT PARMESANKRUSTE UND PASTA VOM GRILL

FÜR 4 PORTIONEN

FÜR DIE PUTENROULADEN
4 dünne Putenbrustfilets (à 180 g)
Salz
schwarzer Pfeffer
8 Scheiben Parmaschinken
8 Salbeiblätter
Olivenöl zum Bestreichen

FÜR DIE PARMESANKRUSTE
1 El Tomatenmark
6 El geriebener Parmesan
1 El gemahlene Mandeln
1 Prise Chilipulver
1 Prise Meersalz

FÜR DIE PASTA
400 g Pasta nach Belieben
Salz
8 Kirschtomaten
2 Knoblauchzehen
100 g geriebener Mozzarella
2–3 El Olivenöl
2–3 El Sahne

AUSSERDEM
Rouladennadeln
Grillschale

Aufwand: mittel
Arbeitszeit: 20 Min.
Grillzeit: 15–20 Min.
Ruhezeit: 5 Min.

1 Die Nudeln nach Packungsanweisung in Salzwasser bissfest garen, die Kirschtomaten waschen, den Knoblauch schälen und durch die Presse drücken.

2 Die Putenbrustfilets waschen, trocken tupfen, salzen und pfeffern. Mit Parmaschinken und Salbei belegen, aufrollen und mit Rouladennadeln fixieren. Hauchdünn mit Olivenöl bestreichen. Den Grill für direktes Grillen bei mittlerer Hitze (200 °C) vorbereiten. Die Putenbrustfilets im geschlossenen Grill rundherum 5 Minuten grillen. Vom Rost nehmen und etwas abkühlen lassen. Tomatenmark mit wenig Wasser mischen und die Rouladen damit bestreichen. Die übrigen Zutaten für die Kruste mischen und auf den Rouladen an drei Seiten andrücken. Mit der unbedeckten Fläche direkt und bei geschlossenem Deckel nochmals 10–15 Minuten grillen.

3 Die Pasta mit den übrigen Zutaten in einer Grillschale mischen und 10–15 Minuten mitgrillen. Die Pasta sollte nicht trocken und der Mozzarella zerlaufen sein. Das Fleisch vom Grill nehmen, 5 Minuten ruhen lassen und mit der Pasta servieren.

INFOS ZUM GRILL

- direktes Grillen bei 200 °C
- geschlossener Grill

Pro Portion
ca. 864 kcal/3614 kJ
71 g E, 32 g F,
73 g KH

LACHSSTEAK VON DER SALZPLANKE MIT OLIVEN-TAPENADE UND FENCHEL

FÜR 6–8 PORTIONEN

FÜR DIE SALZPLANKE (25 X 25 CM)
700 g grobes Meersalz
70 g feines Meersalz
2 Eiweiß

FÜR DAS LACHSSTEAK
4 Lachssteaks (à 150–170 g)
Olivenöl zum Bestreichen
feines Meersalz
weißer Pfeffer
Dillspitzen zum Bestreuen

FÜR DIE OLIVEN-TAPENADE
25 g Anchovisfilets aus dem Glas
1 El Kapern aus dem Glas
125 g schwarze Oliven ohne Stein
3 El Olivenöl
1 Spritzer Limettensaft

Pro Portion
ca. 422 kcal/1765 kJ
33 g E, 32 g F,
1 g KH

1 Für die Salzplanke den Backofen auf 180 °C vorheizen. Die Zutaten gleichmäßig vermischen und etwa fingerdick (oder etwas weniger) auf ein mit Backpapier bedecktes Blech streichen – die Steaks sollen später Platz darauf haben. Auf der mittleren Schiene ca. 45 Minuten backen. Den Grill für direktes Grillen bei 200 °C vorbereiten.

2 Die Planke direkt auf dem Grill ohne Deckel bei mittlerer Hitze (200 °C) 15 Minuten erhitzen. Währenddessen die Tapenade zubereiten: Anchovis, Kapern und Oliven fein hacken. Mit dem Olivenöl vermischen und mit Limettensaft abschmecken. Nach gewünschter Konsistenz – eher leicht stückig oder cremig – kurz mit dem Stabmixer weiterverarbeiten.

3 Die Lachssteaks waschen, mit Küchenpapier trocken tupfen und mit Olivenöl bestreichen. Mit Pfeffer würzen (die Planke gibt eine feine Salznote ab) und direkt bei geschlossenem Deckel 15–20 Minuten grillen. Mit Dill bestreut servieren – dazu schmecken knuspriges Baguette mit Tapenade, aromatisierte Butter (siehe Seite 142) und gegrillter Fenchel (siehe Tipp).

INFOS ZUM GRILL

- direktes Grillen bei 200 °C
- offener und geschlossener Grill

TIPP

Für gegrillten Fenchel (2 Knollen pro Person) die Knollen waschen, putzen und in Viertel schneiden. Mit reichlich Olivenöl und Zitronensaft beträufeln, mit Salz und Pfeffer würzen und direkt bei niedriger Hitze (160 °C) und geschlossenem Deckel etwa 25 Minuten unter Wenden bissfest garen. Mit gehacktem Fenchelgrün bestreut servieren.

Aufwand: leicht
Arbeitszeit: 20–25 Min.
Backzeit: ca. 45 Min.
Grillzeit: ca. 35 Min.

THUNFISCHSPIESSE MIT SPINAT-PAPAYA-SALAT

FÜR 4 PORTIONEN

FÜR DEN SALAT
2–3 Handvoll Babyspinat
½ Bund Koriander
1 Papaya
6 El Sesamöl
2 El Apfelessig
Saft und abgeriebene Schale
von 2 unbehandelten Limetten
Meersalz
weißer Pfeffer

FÜR DIE SPIESSE
600–700 g Thunfischfilet ohne Haut
4–6 Frühlingszwiebeln
Pflanzenöl zum Bepinseln
übriger Limettensaft und -schale (s. o.)
Meersalz
weißer Pfeffer
Sesamsaat zum Bestreuen

AUSSERDEM
Spieße
dünne Weißbrotscheiben

Aufwand: leicht
Arbeitszeit: 15 Min.
Grillzeit: 5–7 Min.

1 Für den Salat den Babyspinat und den Koriander waschen, trocken schütteln, die Korianderblätter von den Stängeln zupfen und alles locker zerzupfen. Die Papaya schälen und in feine Spalten schneiden. Öl, Essig, ein Drittel von Limettensaft und -schale, Salz und Pfeffer zu einer Marinade verrühren und den Salat damit anmachen. Etwas durchziehen lassen. Den Grill für direktes Grillen bei hoher Hitze (230–240 °C) vorbereiten.

2 Das Thunfischfilet waschen, trocken tupfen und in gleichmäßige mundgerechte Würfel schneiden. Die Frühlingszwiebeln waschen und putzen, die Zwiebeln mit nur wenig Grün daran abschneiden, das Grün für andere Zwecke verwenden. Thunfisch und Zwiebeln abwechselnd auf Spieße ziehen, dann mit Öl bepinseln. Bei geschlossenem Deckel 5–7 Minuten unter Wenden grillen. Die Spieße vom Grill nehmen und mit einer Mischung aus Limettensaft und -schale, Meersalz und weißem Pfeffer üppig würzen. Anschließend mit Sesamsaat bestreuen.

3 Die Weißbrotscheiben kurz mitrösten und mit Rouille (siehe Seite 201) bestrichen zu Fisch und Salat reichen.

INFOS ZUM GRILL

- direktes Grillen bei 230–240 °C
- geschlossener Grill

Pro Portion
ca. 585 kcal/2451 kJ
36 g E, 43 g F,
12 g KH

STECKERLFISCHE MIT GURKENSALAT

FÜR 4 PORTIONEN

4 küchenfertige (ausgenommen, entgrätet, geschuppt) Weißfische (Makrele, Renke, Hering, Forelle)

FÜR DAS WÜRZÖL
2 Knoblauchzehen
2 rote Chilischoten
8 El Sonnenblumenöl
Saft von ½ Zitrone
1 gehäufter Tl getrockneter Rosmarin
Salz
schwarzer Pfeffer

FÜR DEN GURKENSALAT
1 ½ Gartengurken
2 El Dillspitzen
100 g Joghurt
2 El Zitronensaft
4 El Sonnenblumenöl
1 Prise Knoblauchpulver
Salz
schwarzer Pfeffer

AUSSERDEM
4 Holzspieße (am besten Steckerlfischleisten)
Laugenbrötchen
Butter

Aufwand: mittel
Arbeitszeit: 15 Min.
Grillzeit: 35–40 Min.

1 Für das Würzöl die Knoblauchzehen schälen und die Chilischoten putzen und waschen, beides sehr fein hacken. Mit den übrigen Zutaten mischen und kräftig abschmecken. Die Fische waschen und trocken tupfen. Innen und außen mit Würzöl bestreichen und auf lange Spieße (am besten Steckerlfischleisten) stecken. Holzspieße vorher wässern.

2 Den Grill für direktes Grillen bei hoher Hitze (250 °C) vorbereiten. Die Steckerl am Rand des Grills mit Abstand zueinander schräg in die Grillkohle stecken. Die Fische über der Glut langsam goldbraun und knusprig grillen. Das dauert 35–40 Minuten. Die Steckerl hin und wieder sehr vorsichtig drehen – dabei hitzebeständige Handschuhe tragen – und die Fische immer wieder mit dem übrigen Würzöl bestreichen.

3 Währenddessen für den Salat die Gurken waschen, putzen und in feine Scheiben hobeln. Aus den übrigen Zutaten eine Marinade herstellen und die Gurken damit anmachen. Zum heißen Fisch servieren und frische Laugenbrötchen und Butter oder Kartoffelsalat dazureichen.

INFOS ZUM GRILL

- direktes Grillen bei 250 °C
- offener Grill ohne Rost

Pro Portion
ca. 516 kcal/2166 kJ
41 g E, 37 g F,
5 g KH

FÜR 4 PORTIONEN

1 Gartengurke
1 El Olivenöl
1 El Aceto balsamico
½ Tl Chiliflocken
je ½ Tl getrockneter Oregano, Kümmel, Knoblauchpulver und rosenscharfes Paprikapulver
Salz
schwarzer Pfeffer
2 Lachssteaks (à 250 g)
Dillspitzen zum Dekorieren

AUSSERDEM
Zedernholzplanke
Öl zum Bestreichen
Grillthermometer

GEPLANKTES LACHS-STEAK MIT GURKE

1 Die Holzplanke ca. 3 Stunden wässern – am besten beschweren, sie sollte komplett von Wasser bedeckt sein. Die Gurke waschen, halbieren und von den Kernen befreien, dann in ca. 0,5 cm dicke Scheiben schneiden. Mit Olivenöl, Essig und den Gewürzen gut mischen und durchziehen lassen. Den Grill für direktes und indirektes Grillen bei mittlerer Hitze (200 °C) vorbereiten.

2 Die Planke direkt auf dem Grill 2–3 Minuten antoasten, vorsichtig vom Grill nehmen und ölen. Den Lachs auflegen, mit Salz und Pfeffer würzen und die Gurkenscheiben daraufgeben, mit der Marinade beträufeln. Den Lachs direkt bei geschlossenem Deckel 3 Minuten grillen, dann indirekt bei geschlossenem Deckel 25–30 Minuten gar ziehen lassen. Die Kerntemperatur sollte dann ca. 60 °C betragen.

3 Den Lachs – er ist im Innern noch leicht glasig – auf der Planke mit Dillspitzen bestreut servieren.

INFOS ZUM GRILL

- direktes und indirektes Grillen bei 200 °C
- geschlossener Grill

Pro Portion
ca. 256 kcal/1072 kJ
25 g E, 17 g F,
1 g KH

Aufwand: mittel
Arbeitszeit: 10 Min.
Zeit zum Wässern: 3 Std.
Grillzeit: ca. 40 Min.

Pro Portion
ca. 444 kcal/1854 kJ
26 g E, 13 g F,
54 g KH

TINTENFISCHTUBEN MIT MANGOSALSA

FÜR 4 PORTIONEN

2 große oder 4 kleine küchenfertige Tintenfischtuben

FÜR DIE MARINADE
2 Knoblauchzehen
4 El Olivenöl
Saft von 1 großen Zitrone
1 Tl Chiliflocken
Salz
schwarzer Pfeffer

FÜR DIE MANGOSALSA
3 große Mangos
1 gehäufter El geriebener Ingwer
100 ml Apfelessig
80 g Rohrohrzucker
2 El Rosinen oder Trockenfrüchte nach Belieben
1 Tl scharfer Senf
je ½ Tl scharfes Chilipulver, Currypulver, gemahlene Nelken
1 El Granatapfelkerne

AUSSERDEM
krause Petersilie zum Bestreuen

Aufwand: leicht
Arbeitszeit: 15 Min.
Marinierzeit: 1 Std.
Grillzeit: 8–10 Min.

1 Für die Marinade den Knoblauch schälen und fein hacken, mit Öl, Zitronensaft und Gewürzen zu einer Marinade verrühren. Die gewaschenen, abgetupften Tintenfischtuben darin abgedeckt an einem kühlen Ort 1 Stunde ziehen lassen. Bei Bedarf mehr Öl verwenden, damit die Tuben bedeckt sind.

2 Für die Salsa die Mangos schälen und das Fruchtfleisch klein würfeln. Mit den übrigen Zutaten bis auf die Granatapfelkerne kurz aufkochen, die Temperatur reduzieren und alles etwas einköcheln lassen. Die Mischung sollte noch stückig sein. Scharf abschmecken und die Granatapfelkerne unterheben.

3 Den Grill für direktes Grillen bei hoher Hitze (250 °C) vorbereiten. Die Calamari etwas abtupfen und auf dem Grill mit geschlossenem Deckel auf jeder Seite 4–5 Minuten grillen. Zum Servieren mit Petersilie bestreuen und mit der fruchtigen Salsa anrichten. Dazu schmeckt Baguette mit Limettenbutter (siehe Seite 142) oder mit Meersalz bestreut und Butter.

INFOS ZUM GRILL

- direktes Grillen bei 250 °C
- geschlossener Deckel

CHILI-GARNELEN-SPIESSE

FÜR 4 PORTIONEN

FÜR DIE GARNELEN UND DIE MARINADE
5 El Mojo rojo (kanarische rote Sauce)
5 El Olivenöl
1 El Korianderblätter
3–4 Tropfen Tabasco
12 große küchenfertige (entdarmt, geschält) Garnelen

FÜR DEN MELONENSALAT
1 kleine Netzmelone
½ Honigmelone
4 Stängel Minze
4–5 El Sanddornsaft (oder ein anderer säuerlicher Fruchtsaft)
1 El Sesamöl
1 El Honig
je 1 Prise frisch geriebener Muskat und gemahlener Zimt
Salz
schwarzer Pfeffer

AUSSERDEM
Grillspieße

Aufwand: leicht
Arbeitszeit: 15 Min.
Marinierzeit: 1 Std.
Grillzeit: 4–5 Min.

1 Aus Mojo, Olivenöl, Korianderblättern und Tabasco eine Marinade rühren. Wer es schärfer mag, gibt noch einige Tropfen Tabasco mehr hinzu. Die Garnelen in einer flachen Schale damit bedecken und abgedeckt im Kühlschrank 1 Stunde marinieren.

2 Währenddessen den Salat zubereiten. Die Netzmelone halbieren und das Fruchtfleisch mit einem Löffel herauslösen, dann würfeln oder alternativ kleine Kugeln herausstechen; mit der Honigmelone ebenso verfahren. Die Minze waschen, trocken schütteln und die Blätter in feine Streifen schneiden. Alles in die Melonenhälften füllen, die übrigen Zutaten miteinander verrühren, den Melonensalat damit anmachen und kühl stellen. Den Grill für direktes Grillen bei hoher Hitze (240–250 °C) vorbereiten.

3 Die Garnelen aus der Marinade nehmen und diese etwas abstreifen. Die Garnelen auf Spieße ziehen (Holzspieße vorher wässern) und bei geschlossenem Deckel 4–5 Minuten grillen, dabei einmal wenden. Mit dem Melonensalat und Pull-apart-bread (siehe Seite 175) sowie Limetten-Chili-Mayonnaise (siehe Seite 204) genießen.

INFOS ZUM GRILL

- direktes Grillen bei 240–250 °C
- geschlossener Grill

Pro Portion
ca. 485 kcal/2035 kJ
30 g E, 25 g F,
35 g KH

FISCHBURGER MIT DILLDRESSING

FÜR 4 PORTIONEN

FÜR DIE BUNS
4 Burger-Buns (siehe Seite 178)

FÜR DIE PATTYS
2 trockene Brötchen
ca. 200 ml lauwarme Milch
600 g Seelachsfilet
1 fein gewürfelte Zwiebel
1 El gehackte krause Petersilienblätter
1 Tl gehackte Estragonblättchen
1 Ei
Salz
schwarzer Pfeffer
Paniermehl
Senf zum Bestreichen

FÜR DIE TOPPINGS
1 Schälchen Brunnenkresse
½ Salatgurke
1 rote Zwiebel
100 g saure Sahne
2 El gehackter Dill
1 Spritzer Zitronensaft
Salz
schwarzer Pfeffer

1 Für die Pattys die Brötchen würfeln und 10 Minuten in der Milch einweichen, gut ausdrücken. Das Fischfilet mit dem Fleischwolf etwas gröber oder mit dem Pürierstab fein zerkleinern. Alle Zutaten bis auf die Gewürze und das Paniermehl in eine Schüssel geben und gut vermengen. Den Teig mit den Gewürzen nach Belieben abschmecken. Den Grill für direktes Grillen bei hoher Hitze (ca. 240 °C) vorbereiten.

2 Mit feuchten Händen aus dem Teig vier Pattys formen und vorsichtig im Paniermehl wälzen. Bei geschlossenem Deckel auf jeder Seite 3–4 Minuten grillen. Die Burger-Brötchen halbieren und die Schnittflächen kurz indirekt auf dem Grill antoasten.

3 Für die Toppings die Brunnenkresse abschneiden, waschen, trocknen und grob hacken. Die Salatgurke schälen und in Scheiben schneiden. Die Zwiebel abziehen und ebenfalls in Scheiben schneiden. Saure Sahne mit Dill verrühren und mit Zitronensaft, Salz und Pfeffer abschmecken.

INFOS ZUM GRILL

- direktes und indirektes Grillen bei ca. 240 °C
- geschlossener Grill

Pro Portion
ca. 461 kcal/1925 kJ
42 g E, 11 g F,
48 g KH

4 Die unteren Brötchenhälften mit etwas Senf bestreichen, mit Brunnenkresse belegen und die Pattys darauf platzieren. Gurken- und Zwiebelscheiben darauf arrangieren und mit Brunnenkresse abschließen. Dilldressing darüber verteilen. Mit den oberen Brötchenhälften bedecken.

Aufwand: leicht
Arbeitszeit: 25 Min.
Grillzeit: 6–8 Min.

FORELLENFILETS EN PAPILLOTE MIT GEFÜLLTER SÜSSKARTOFFEL

FÜR 4 PORTIONEN

FÜR DIE FISCHPÄCKCHEN
4 Forellenfilets ohne Haut (à 150–170 g)
4 große unbehandelte Limetten
4 Frühlingszwiebeln
2 Knoblauchzehen
4 El Olivenöl
2 Stängel Zitronengras
Fleur de Sel
weißer Pfeffer
Kräuter der Provence

FÜR DIE SÜSSKARTOFFELN
4 kleine Süßkartoffeln
Salz
2 Fleischtomaten
2 Schalotten
2 El fein gehackte krause Petersilie
2 El Olivenöl
schwarzer Pfeffer
4 gehäufte El geriebener Gouda

1 Die Süßkartoffeln waschen und in der Schale in Salzwasser ca. 10 Minuten garen. Halbieren, etwas vom Fleisch herauslöffeln und würfeln. Die Tomaten waschen, putzen und fein würfeln, die Schalotten schälen und ebenfalls würfeln. Kartoffelwürfel, Tomaten, Schalotten, Petersilie und Öl mischen, würzen und in die ausgehöhlten Kartoffeln füllen. Den Käse darüberstreuen.

2 Die Fischfilets waschen und mit Küchenpapier trocken tupfen. Die Limetten in feine Scheiben schneiden. Die Frühlingszwiebeln waschen, putzen und fein schneiden. Den Knoblauch schälen, pressen und mit dem Olivenöl verrühren. Das Zitronengras halbieren und flach drücken. Einige Limettenscheiben auf vier Alufolienstücken verteilen. Die Forellenfilets darauf platzieren, mit Fleur de Sel, Pfeffer und Kräutern bestreuen. Mit Frühlingszwiebeln und Zitronengras bedecken und die restlichen Limettenscheiben auf den Filets verteilen. Mit dem Knoblauchöl beträufeln und die Pakete verschließen, sodass kein Saft heraustropfen kann. Den Grill für direktes und indirektes Grillen bei mittlerer bis hoher Hitze (220–230 °C) vorbereiten.

INFOS ZUM GRILL

- direktes und indirektes Grillen bei 220–230 °C
- geschlossener Grill

Pro Portion
ca. 774 kcal/3249 kJ
39 g E, 29 g F,
86 g KH

3 Die Fischfilets im Päckchen direkt sowie die Süßkartoffeln indirekt mit Deckel 10–12 Minuten grillen – der Käse auf den Kartoffeln sollte dann verlaufen sein. Die Päckchen auf Tellern servieren und vorsichtig am Tisch öffnen, die Süßkartoffeln anlegen.

Aufwand: leicht
Arbeitszeit: 20 Min.
Grillzeit: 10–12 Min.

DORADE MIT TAPENADE, KANDIERTEN ZITRONEN UND GRILLGEMÜSE

FÜR 4 PORTIONEN

FÜR DIE DORADEN UND DIE MARINADE

4 küchenfertige (entnommen, entgrätet, geschuppt) Doraden (à 300 g)
Salz
schwarzer Pfeffer
8 El Olivenöl
2 El Zitronensaft
2 El gehackter Thymian
2 El gehacktes Fenchelkraut + Fenchelkraut für die Dekoration
8 El Tapenade (siehe Seite 124) zum Bestreichen

FÜR DIE BEILAGE

2 unbehandelte Zitronen
Zucker zum Bestreuen
2–4 Rispen Kirschtomaten
Olivenöl zum Beträufeln
Kräuter der Provence zum Bestreuen
8–10 Pimientos de Padrón
Meersalz

AUSSERDEM

Fischgrillkörbe
Olivenöl
frische Focaccia

Aufwand: leicht
Arbeitszeit: 25 Min.
Grillzeit: 26–28 Min.

1 Die Doraden waschen, mit Küchenpapier trocken tupfen, jeweils auf einer Seite dreimal schräg einschneiden, dann innen und außen salzen und pfeffern. Aus den übrigen Zutaten eine Marinade rühren, mit Salz und Pfeffer abschmecken und den Fisch damit bepinseln. Innen außerdem dick mit Tapenade bestreichen und die Fische in geölte Fischgrillkörbe spannen. Den Grill für direktes und indirektes Grillen bei mittlerer Hitze (170–180 °C) vorbereiten.

2 Den Fisch zunächst direkt und mit Deckel auf jeder Seite 3–4 Minuten grillen, dann indirekt mit Deckel weitere 20 Minuten gar grillen. Währenddessen die Zitronen in Spalten schneiden und die Schnittflächen mit Zucker bestreuen. Die Tomaten an den Rispen lassen, waschen, einstechen und mit Öl beträufeln sowie mit den Kräutern bestreuen. Die Pimientos ebenfalls mit Öl beträufeln und mit Meersalz bestreuen. Während der letzten 10–15 Minuten der Grillzeit die Zitronen auf den Schnittflächen sowie Tomaten und Pimientos indirekt mitgrillen.

3 Den Fisch mit den karamellisierten Zitronenspalten zum Beträufeln sowie mit dem Gemüse servieren. Dazu schmeckt frische Focaccia.

INFOS ZUM GRILL

- direktes und indirektes Grillen bei 170–180 °C
- geschlossener Grill

Pro Portion
ca. 534 kcal/2242 kJ
62 g E, 29 g F,
6 g KH

FÜR 4 PORTIONEN

2 Hummerschwänze (à 500 g)
200 g Butter
abgeriebene Schale von
2 unbehandelten Limetten
Salz
schwarzer Pfeffer

AUSSERDEM
Grillschale
Grillthermometer

HUMMERSCHWANZ MIT LIMETTENBUTTER

1 Die Hummerschwänze aus den Karkassen lösen: dazu den Panzer oben mittig bis zur Schwanzflosse aufschneiden. Das Hummerfleisch mittig auf-, aber nicht bis zur unteren Membran durchschneiden. Die Schalen vorsichtig nach außen biegen und etwas aufbrechen, den Darm entfernen und das Fleisch lösen, es sollte aber an der Schwanzflosse mit der Karkasse verbunden bleiben.

2 Den Grill für direktes Grillen bei mittlerer Hitze (200 °C) vorbereiten. Die Butter mit Limettenschale sowie den Gewürzen mischen, in einer Grillschale auf dem Grill zerlassen.

3 Das Hummerfleisch mit Limettenbutter beträufeln und die Hummerschwänze auf der Fleischseite direkt bei geschlossenem Deckel 2–3 Minuten grillen. Wenden, wieder üppig mit Butter beträufeln und 5–6 Minuten fertig grillen. Das Fleisch sollte dann eine Kerntemperatur von ca. 58 °C haben.

4 Sofort mit der übrigen Butter zum Beträufeln servieren. Dazu schmeckt ganz einfach knusprig-frisches Baguette.

INFOS ZUM GRILL

- direktes Grillen bei 200 °C
- geschlossener Grill

Pro Portion
ca. 485 kcal/2035 kJ
40 g E, 36 g F,
2 g KH

Aufwand: einfach
Arbeitszeit: 15 Min.
Grillzeit: ca. 10 Min.

SARDINEN MIT TOMATENBROT

FÜR 4 PORTIONEN

FÜR DIE SARDINEN
20 kleine Sardinen
grobes Meersalz
2 Knoblauchzehen
1 Handvoll fein geschnittene krause Petersilie
8 El Olivenöl + Öl zum Bestreichen

FÜR DAS TOMATENBROT
8 dicke Scheiben knuspriges Weißbrot
1 große, sehr reife Tomate
2 El Olivenöl
1 zerdrückte Knoblauchzehe

Pro Portion
ca. 616 kcal/2582 kJ
44 g E, 35 g F,
31 g KH

Aufwand: leicht
Arbeitszeit: 20 Min.
Grillzeit: 10–15 Min.

1 Die Sardinen waschen und mit Küchenpapier trocken tupfen. Innen und außen salzen und 15 Minuten ziehen lassen. In der Zwischenzeit für das Petersilienöl die Knoblauchzehen schälen und fein hacken. Mit Petersilie, Olivenöl und ½ Teelöffel Meersalz grob pürieren.

2 Den Grill für direktes Grillen bei mittlerer Hitze (200–220 °C) vorbereiten. Die Sardinen mit Olivenöl bestreichen und bei geöffnetem Deckel 10–15 Minuten unter Wenden kross grillen. Währenddessen die Brotscheiben kurz direkt bei geöffnetem Deckel auf beiden Seiten mitrösten. Die Schnittflächen der halbierten Tomate fest darüberreiben, es sollte Fruchtfleisch am Brot haften bleiben. Das Öl und den Knoblauch mischen und das Brot damit beträufeln.

3 Die Sardinen direkt vom Grill mit dem Petersilienöl beträufelt servieren, dazu das noch warme Tomatenbrot reichen.

INFOS ZUM GRILL

- ▸ direktes Grillen bei 200–220 °C
- ▸ offener Grill

PULLED-FISH-TOASTIES RAFFINIERT GEWÜRZT

FÜR 4 PORTIONEN

1 Saibling (ca. 1 kg, küchenfertig ausgenommen)
Kräutersalz
je 4 Stängel frischer Majoran, Thymian und Rosmarin
abgeriebene Schale von ½ unbehandelten Zitrone
2 Gewürzgurken
2 Frühlingzwiebeln
300 g Schmand
3 El mittelscharfer Senf
4 El Dillspitzen + Dill zum Dekorieren
je 1 Prise gemahlener Koriander, Piment und Ingwer
Salz
schwarzer Pfeffer
8 Scheiben Vollkorntoast

AUSSERDEM
Pergamentpapier
Pflanzenöl

Aufwand: mittel
Arbeitszeit: 20 Min.
Grillzeit: ca. 40 Min.

1 Den Saibling innen und außen kräftig mit Kräutersalz würzen. Die Kräuter waschen, grob hacken und mit der Zitronenschale mischen, den Fisch damit füllen. Das Pergamentpapier mehrfach falten und ölen, den Fisch daraufsetzen, er sollte stehen. Den Grill für direktes Grillen bei geringer Hitze (150 °C) vorbereiten. Den Fisch direkt bei geschlossenem Deckel ca. 35 Minuten grillen.

2 Währenddessen die Gewürzgurken in hauchfeine Scheiben schneiden. Die Frühlingszwiebeln waschen, putzen und diagonal in dünne Scheiben schneiden. Den Saibling vom Grill nehmen, etwas abkühlen lassen und tranchieren, das Fleisch mit zwei Gabeln grob zerzupfen. Nach und nach mit Schmand und Senf mischen – die Mischung sollte nicht zu feucht werden. Gurken, Zwiebeln und Dill unterheben und alles fein mit den Gewürzen abschmecken.

3 Zum Anrichten die Toastscheiben auf dem Grill indirekt anrösten. Üppig mit der Fischcreme belegen und mit Dill garniert und nach Belieben mit Gremolata (siehe Seite 203) bestreut servieren.

INFOS ZUM GRILL

- direktes und indirektes Grillen bei 150 °C
- geschlossener Grill

Pro Portion
ca. 501 kcal/2104 kJ
54 g E, 22 g F,
21 g KH

LINSENBÄLLCHEN MIT GEGRILLTEM KRÄUTER-GEMÜSE-SALAT

FÜR 4 PORTIONEN

FÜR DIE BÄLLCHEN
500 g Berglinsen
Salz
40 g Walnusskerne
40 g Haselnusskerne
2 Eigelb
2 Tl Kurkuma
4 El Paniermehl
schwarzer Pfeffer

FÜR DEN SALAT
2 Schalotten
1 Bund Petersilie
1 Bund Koriander
1 unbehandelte Zitrone
2 Zucchini
250 g rote und gelbe Kirschtomaten
200 g braune Champignons
6 El Olivenöl
Salz
schwarzer Pfeffer

AUSSERDEM
Grillschale
Pflanzenöl für den Rost

1 Die Linsen nach Packungsanweisung in reichlich Salzwasser weich garen und durch ein Sieb abgießen. Währenddessen die Nüsse in einer Pfanne ohne Fett etwas anrösten und dann fein hacken. Zwei Drittel der Linsen mit dem Mixstab fein pürieren und das Linsenpüree mit Eigelb, gehackten Nüssen, Kurkuma, Paniermehl und den übrigen Linsen zu einer nicht zu klebrigen Masse verarbeiten. Eventuell noch etwas Paniermehl unterarbeiten. Mit Salz und Pfeffer würzen. Die Linsenmasse bis zur weiteren Verwendung kühl stellen.

2 Die Schalotten schälen, der Länge nach halbieren und in feine Streifen schneiden. Petersilie und Koriander waschen, trocken schütteln, die Blätter von den Stielen zupfen und grob hacken. Mit dem Sparschäler drei dünne Scheiben Zitronenschale herunterschneiden und in feine Streifen schneiden, den Zitronensaft auspressen. Die Zucchini waschen, putzen und in etwa 1,5 cm dicke Scheiben schneiden. Kirschtomaten waschen und halbieren, Champignons putzen und ebenfalls halbieren.

INFOS ZUM GRILL

- direktes Grillen bei 200 °C
- offener Grill

Pro Portion
ca. 782 kcal/3273 kJ
41 g E, 34 g F,
76 g KH

3 Aus der gekühlten Linsenmasse große Bällchen (etwa 5 cm Ø) formen und diese etwas flach drücken. Das Gemüse mischen, mit 2 Esslöffeln Olivenöl marinieren, mit Salz und Pfeffer würzen und in eine Grillschale füllen. Den Grill für direktes Grillen bei mittlerer Hitze (200 °C) vorbereiten, den Rost für die Bällchen etwas ölen. Das Gemüse in der Schale direkt ohne Deckel 10–12 Minuten unter Wenden bissfest garen. Die Bällchen ebenfalls direkt rundherum 6 Minuten knusprig grillen.

4 Währenddessen die gehackten Kräuter, Schalotten und Zitronenschale in einer Schüssel vermischen und mit Zitronensaft sowie dem übrigen Olivenöl verrühren. Mit dem gegarten Gemüse vermengen. Die Linsenbällchen mit dem Kräuter-Gemüse-Salat servieren.

Aufwand: mittel
Arbeitszeit: 35 Min.
Grillzeit: 10–12 Min.

GEFÜLLTE SPITZPAPRIKA MIT HUMMUS

FÜR 4 PORTIONEN

80 g Langkornreis
Salz
1 mittelgroße Zwiebel
2 El gehackte Mandeln
5 El Olivenöl
1 Prise gemahlener Safran
2 Tl gemahlener Kreuzkümmel
2 Tl rosenscharfes Paprikapulver
20 g Rosinen
80 g Schafskäse
10 Minzblätter
4 große hellgrüne Spitzpaprika
200 g Kichererbsen
80 ml klare Gemüsebrühe
40 g Tahin (Sesampaste)
2 El Zitronensaft
1 El Chiliflocken

1 Den Langkornreis nach Packungsanweisung in kochendem Salzwasser garen und in ein Sieb abgießen. Die Zwiebel schälen und fein würfeln. Die Mandeln in einer Pfanne ohne Fett goldbraun anrösten, aus der Pfanne nehmen und 2 Esslöffel Olivenöl in der Pfanne erhitzen. Die Zwiebelwürfel anbraten, bis sie etwas Farbe nehmen. Safran und jeweils 1 Teelöffel Kreuzkümmel und Paprikapulver zugeben und kurz anrösten. Die Mandeln, den gekochten Reis und die Rosinen zugeben und alles gut miteinander vermischen. In eine Schale füllen und etwas abkühlen lassen. Den Schafskäse zerbröseln, die Minzblätter waschen, trocken schütteln, fein schneiden und beides untermischen.

2 Von den Spitzpaprika jeweils einen Deckel (mit dem Stielansatz) abschneiden. Die Kerne und die weißen Häutchen aus den Schoten herausschneiden und die Paprika mit der Reismischung füllen. Die Stieldeckel wieder aufsetzen und mit Zahnstochern fixieren.

3 Die Kichererbsen mit Gemüsebrühe, Tahin, 2 Esslöffeln Olivenöl und Zitronensaft in einem hohen Gefäß fein pürieren. Mit dem übrigen Kreuzkümmel, Paprikapulver und etwas Salz ab-

INFOS ZUM GRILL

- direktes Grillen bei 220 °C
- geschlossener Grill

Pro Portion
ca. 430 kcal/1800 kJ
12 g E, 27 g F,
35 g KH

schmecken und in eine flache Schale füllen. In der Mitte mit einem Löffel eine Mulde formen und das übrige Olivenöl hineingießen. Mit den Chiliflocken bestreuen. Den Grill für direktes Grillen bei mittlerer Temperatur (220 °C) vorbereiten.

4 Die Spitzpaprika auf dem Grill mit Deckel unter gelegentlichem Wenden 10–15 Minuten grillen. Die gegrillten Paprika mit dem Hummus servieren.

Aufwand: mittel
Arbeitszeit: 35 Min.
Grillzeit: 10–15 Min.

EMPANADAS MIT TOMATEN UND ZIEGENFRISCHKÄSE

FÜR 4 PORTIONEN

250 g Weizenmehl + etwas für die Arbeitsfläche
250 g Maismehl
100 g weiche Butter oder Margarine
5 El Olivenöl
2 El Milch
1 Ei (Größe M)
½ El Zucker
Salz
1 mittelgroße Zwiebel
2 Knoblauchzehen
1 Zucchini
1 Aubergine
3 Strauchtomaten
2 Thymianzweige
100 g Ziegenfrischkäse
schwarzer Pfeffer
1 Eigelb

AUSSERDEM
Pflanzenöl für den Rost

Pro Portion
ca. 895 kcal/3748 kJ
20 g E, 49 g F,
95 g KH

1 Beide Mehlsorten in einer großen Schüssel miteinander vermengen. In der Mitte eine Mulde formen und Butter, 2 Esslöffel Olivenöl, Milch, Ei, Zucker und 1 Esslöffel Salz hineingeben. Alles vermischen und zu einem glatten Teig verkneten. Dabei nach und nach 150 ml lauwarmes Wasser zugeben. Den Teig in Frischhaltefolie wickeln und 2 Stunden im Kühlschrank ruhen lassen.

2 Zwiebel und Knoblauchzehen schälen und fein hacken. Zucchini und Aubergine waschen, putzen und in etwa 0,5 cm große Würfel schneiden. Die Strauchtomaten waschen, entkernen und in kleine Würfel schneiden. Den Thymian waschen, trocken schütteln und die Blättchen von den Zweigen zupfen.

3 Das restliche Olivenöl in einer Pfanne erhitzen. Zwiebel und Knoblauch darin glasig andünsten, dann Auberginen- und Zucchiniwürfel zugeben und kräftig anbraten. Tomatenwürfel und Thymianblättchen ebenfalls zugeben und alles bei mittlerer Temperatur etwa 6 Minuten köcheln lassen. Vom Herd nehmen und in einer Schüssel abkühlen lassen. Den Ziegenfrischkäse zerbröseln und unter die Gemüsemasse mengen. Mit Salz und Pfeffer abschmecken.

INFOS ZUM GRILL

- indirektes Grillen bei 180–200 °C
- geschlossener Grill

TIPP

Um die Teigreste nicht wegwerfen zu müssen, kann aus den Zutaten auch eine Riesen-Empanada hergestellt werden. Die macht nicht so viel Arbeit und schmeckt mindestens genauso gut. Noch besser gelingen die Empanadas, wenn sie auf einem Pizzastein auf dem Grill zubereitet werden.

4 Den Teig auf einer bemehlten Arbeitsfläche 2–3 mm dick ausrollen. Mit einem runden Ausstecher von 12 cm Ø etwa 16 Kreise ausstechen. Die Füllung mittig auf den Teigkreisen verteilen. Die Ränder mit etwas Wasser befeuchten, die Kreise zusammenklappen und die Ränder mit den Zinken einer Gabel fest zusammendrücken. Das Eigelb mit 2 Esslöffeln Wasser verquirlen und die Empanadas damit bestreichen. Den Grill für indirektes Grillen bei mittlerer Hitze (180–200 °C) vorbereiten.

5 Die Empanadas mit der bestrichenen Seite nach oben bei geschlossenem Deckel 15–20 Minuten auf dem geölten Rost grillen, bis sie knusprig sind, dabei einmal wenden.

Aufwand: leicht, braucht etwas Zeit
Arbeitszeit: 35 Min.
Kühlzeit: 2 Std.
Grillzeit: 15–20 Min.

GEGRILLTE SÜSSKARTOFFELN MIT KIRSCH-MACADAMIA-SALSA

FÜR 4 PORTIONEN

1 rote Zwiebel
½ gelbe Paprika
1 El eingelegte Jalapeños
2 El fein gehackte Macadamianüsse
80 g getrocknete Sauerkirschen
2 El Kirschkonfitüre
1 El fein gehackter Koriander
2 El frisch gepresster Limettensaft
4 kleine Süßkartoffeln (à ca. 250 g)
Olivenöl zum Bestreichen
Salz
schwarzer Pfeffer
4 El Ponzu (siehe unten)

FÜR DIE PONZU-SAUCE
60 ml süßer Reiswein (Mirin)
2 El brauner Zucker
100 ml Sojasauce
50 ml frisch gepresster Orangensaft
50 ml frisch gepresster Limettensaft
abgeriebene Schale von
1 unbehandelten Limette

Aufwand: mittel
Arbeitszeit: 25 Min.
Grillzeit: ca. 12 Min.

1 Die Zwiebel schälen und fein würfeln. Die Paprika waschen, putzen und ebenfalls in feine Würfel schneiden. Die Jalapeños fein hacken, die Macadamias in einer Pfanne ohne Fett goldbraun anrösten und die Sauerkirschen fein hacken. Alles in eine Schüssel geben und mit Kirschkonfitüre, Koriander, 1 Esslöffel Wasser und dem Limettensaft verrühren und beiseitestellen.

2 Für die Ponzu-Sauce den Reiswein aufkochen und den braunen Zucker darin auflösen. Die übrigen Zutaten zugeben und alles miteinander verrühren. Den Grill für direktes Grillen bei mittlerer Hitze (180 °C) vorbereiten.

3 Die Süßkartoffeln waschen, der Länge nach in etwa 0,5 cm dicke Scheiben schneiden und dünn mit Olivenöl bestreichen. Mit Salz und Pfeffer würzen. Auf den Grill legen und bei geschlossenem Deckel 12 Minuten grillen, dabei nach 6 Minuten wenden.

4 Die Ponzu-Sauce in einen tiefen Teller geben. Die gegrillten heißen Süßkartoffelscheiben kurz durch die Ponzu-Sauce ziehen und auf Tellern mit etwas Kirsch-Macadamia-Salsa anrichten.

INFOS ZUM GRILL

- direktes Grillen bei 180 °C
- geschlossener Grill

Pro Portion
ca. 383 kcal/1607 kJ
7 g E, 6 g F,
73 g KH

FOCACCIA-BURGER MIT PESTOGEMÜSE UND GRILLKÄSE

FÜR 4 PORTIONEN

FÜR DEN FOCACCIA-TEIG/DIE BUNS
300 g Mehl + etwas Mehl zum Bestreuen
25 g frische Hefe
80 ml mildes Olivenöl + etwas zum Bepinseln
Fleur de Sel

FÜR DAS PESTO
1 kleine Knoblauchzehe
1 Bund Basilikum (ca. 75 g)
30 g Pinienkerne
80 ml Olivenöl
20 g Parmesan
Salz

FÜR DAS TOPPING
1 kleine Zucchini
1 große Karotte
2 Stangen Staudensellerie
1 Ochsenherztomate
Salz
schwarzer Pfeffer
1 Bund Rucola
200 g Grillkäse

AUSSERDEM
Pizzastein
Mehl für den Pizzastein

1 Für den Teig Mehl in eine Schüssel geben, eine Mulde in die Mitte drücken und die Hefe hineinbröseln. 150 ml lauwarmes Wasser und Olivenöl zugießen. Mit etwas Mehl vom Rand mischen. Mit 1 Teelöffel Fleur de Sel zu einem glatten Teig verkneten und abgedeckt ca. 1 Stunde gehen lassen.

2 Für das Pesto den Knoblauch schälen und klein schneiden. Das Basilikum waschen und trocken schütteln, die Pinienkerne in einer Pfanne ohne Fett rösten, den Parmesan reiben. Basilikum, Knoblauch und Olivenöl mit einem Stabmixer pürieren. Pinienkerne und Parmesan zugeben, nochmals pürieren und mit Salz abschmecken.

3 Zucchini, Karotte und Staudensellerie waschen, putzen, mit dem Sparschäler in dünne Streifen schneiden und mit dem Pesto marinieren. Die Tomate waschen, in acht dünne Scheiben schneiden und mit Salz und Pfeffer würzen. Den Rucola waschen und trocken schütteln.

4 Den Teig auf einer bemehlten Arbeitsfläche kräftig durchkneten und daraus vier gleich große Kugeln formen. Etwas flach drücken, jeweils einige Dellen in den Teig drücken und 20 Minuten gehen lassen. Den Grill und den

INFOS ZUM GRILL

- indirektes Grillen bei 180–200 °C
- geschlossener Grill

Pizzastein (er wird miterhitzt) für indirektes Grillen bei mittlerer Hitze (180–200 °C) vorbereiten.

5 Die Focaccia mit etwas Fleur de Sel bestreuen. Auf den mit etwas Mehl bestreuten Pizzastein setzen und 15–20 Minuten bei geschlossenem Deckel backen (alternativ können die Buns 15–20 Minuten bei 180–200 °C im Backofen gebacken werden). Dabei kontrollieren, dass sie nicht zu dunkel werden. Vom Grill nehmen und mit Olivenöl bepinseln.

6 Den Grillkäse in acht dünne Scheiben schneiden. Auf dem Grill indirekt bei geschlossenem Deckel auf jeder Seite etwa 3 Minuten grillen. Die Buns aufschneiden und den unteren Teil mit Tomatenschneiden und mariniertem Gemüse belegen. Die gegrillten Käsescheiben auf dem Gemüse anrichten und den Rucola darauf verteilen. Die obere Brötchenhälfte auf die Burger setzen und sofort servieren.

Aufwand: mittel bis etwas anspruchsvoll
Arbeitszeit: 35 Min.
Zeit zum Gehen: 1 Std. 20 Min.
Grillzeit: 15–20 Min.

GEGRILLTE LIMETTEN-QUESADILLAS MIT ZUCCHINIBLÜTEN

FÜR 4 PORTIONEN

10 kleine Zucchiniblüten
1 mittelgroße rote Zwiebel
1 kleine Chilischote
2 Stängel Zitronenmelisse
2 El Olivenöl
abgeriebene Schale von
1 unbehandelten Limette
1 Tl frisch gepresster Limettensaft
Salz
schwarzer Pfeffer
8 Weizentortillas, 18 cm Ø
250 g frisch geriebener Cheddar

Pro Portion
ca. 586 kcal/2450 kJ
24 g E, 32 g F,
49 g KH

Aufwand: mittel
Arbeitszeit: 25 Min.
Grillzeit: 3–5 Min.

1 Die Zucchiniblüten putzen und klein schneiden, die Zwiebel schälen und fein würfeln. Die Chilischote waschen, putzen und fein hacken. Die Melisse waschen und trocken schütteln, die Blätter von den Stängeln zupfen und in feine Streifen schneiden.

2 Das Olivenöl in einer Pfanne erhitzen und die Zwiebelwürfel darin glasig andünsten. Chili und Zucchiniblüten zugeben und ebenfalls andünsten. Limettenschale und Zitronenmelisse untermengen. Mit dem Limettensaft sowie etwas Salz und Pfeffer würzen.

3 Die Zucchinimasse auf jeweils einer Hälfte der Tortillas verteilen und mit dem Cheddar bestreuen. Die andere Tortillahälfte darüberklappen. Den Grill für indirektes Grillen bei mittlerer Hitze (180–200 °C) vorbereiten. Die Tortillas vorsichtig bei geschlossenem Deckel grillen, bis außen ein schönes Grillmuster entstanden und der Käse geschmolzen ist (das dauert 3–5 Minuten, sie sollten nicht schwarz werden), dabei einmal wenden. Vom Grill nehmen und sofort genießen.

INFOS ZUM GRILL

- indirektes Grillen bei 180–200 °C
- geschlossener Grill

FALAFEL MIT RETTICH-PICKLES

FÜR 4 PORTIONEN

FÜR DIE PICKLES
900 g weißer Rettich
1 Rote Bete
4 El Weißweinessig
20 g Salz
2 grüne Chilischoten

FÜR DIE FALAFEL
1 großes Bund glatte Petersilie
1 Frühlingszwiebel
2 Knoblauchzehen
300 g Kichererbsen
100 g TK-Erbsen
60 g Kichererbsenmehl
2 El Semmelbrösel
1 Tl geröstete Sesamsaat
1 El frisch gepresster Zitronensaft
1 Tl Kreuzkümmel
Salz
schwarzer Pfeffer
Pflanzenöl zum Bestreichen

AUSSERDEM
etwas Olivenöl zum Bestreichen
4 Pita-Taschen
1 kleine Salatgurke

1 Den Rettich schälen und in kleine Stifte von etwa 1 cm Dicke und 4 cm Länge schneiden. Die Rote Bete ebenfalls schälen und halbieren, dabei Küchenhandschuhe tragen. In einer Schüssel 1 l kaltes Wasser mit dem Essig und dem Salz verrühren. Die Rettichstifte mit der Roten Bete und den Chilischoten darin einlegen. Die Schüssel mit Frischhaltefolie abdecken und die Rettich-Pickles etwa 5 Tage ziehen lassen.

2 Für die Falafel die Petersilie waschen, trocken schütteln und die Blätter von den Stängeln zupfen. Ein Drittel davon zurückbehalten und den Rest fein hacken. Die Frühlingszwiebel waschen, putzen, der Länge nach halbieren und in Streifen schneiden. Die Knoblauchzehen schälen und fein hacken. Kichererbsen mit Erbsen, Frühlingszwiebeln, Knoblauch und der gehackten Petersilie im Mixer pürieren. Anschließend Kichererbsenmehl, Semmelbrösel und Sesam unterarbeiten. Die Masse mit Zitronensaft, Kreuzkümmel und etwas Salz und Pfeffer abschmecken. Den Grill für direktes Grillen bei mittlerer Hitze (200 °C) vorbereiten.

3 Aus der Falafelmasse zwölf gleich große Bällchen formen, etwas flach drücken und leicht mit etwas Pflanzenöl bestreichen. Auf dem

INFOS ZUM GRILL

- ► direktes Grillen bei 200 °C
- ► geschlossener Grill

Pro Portion
ca. 393 kcal/1642 kJ
19 g E, 5 g F,
67 g KH

leicht geölten Grill bei geschlossenem Deckel auf jeder Seite 2–3 Minuten direkt grillen, dann zum Warmhalten ganz an den Rand des Grills schieben. Die Pita-Taschen direkt auf dem Grill bei geschlossenem Deckel etwas anrösten. Die Gurke waschen und in Scheiben schneiden.

4 Die Pita-Taschen mit den Falafelbällchen, der übrigen Petersilie, den Gurkenscheiben und den Rettich-Pickles füllen und servieren.

Aufwand: etwas anspruchsvoller
Marinierzeit: 5 Tage
Arbeitszeit: 30 Min.
Grillzeit: ca. 6 Min.

BBQ-SEITANRIBS MIT GEGRILLTEN AUBERGINEN

FÜR 4 PORTIONEN

600 g Seitan (möglichst dickes Stück)
140 ml BBQ-Sauce mit Malzbier
(siehe Seite 205)
4 El Sojasauce
2 El Limettensaft
4 El Rapsöl
4 kleine Auberginen
Salz
2 El Olivenöl
schwarzer Pfeffer
1 El Pflaumenmus
3 El klare Gemüsebrühe
3 El Obstessig
1 El Sesamöl
1 Tl geröstete Sesamsaat

AUSSERDEM
Grillschale

1 Den Seitan in etwa 1 cm dicke „Rippen" schneiden. BBQ-Sauce, Sojasauce, Limettensaft und Rapsöl zu einer Marinade verrühren. Die Seitanribs in der Marinade einlegen und etwa 1 Stunde marinieren.

2 In der Zwischenzeit die Auberginen waschen, der Länge nach halbieren und das Fruchtfleisch rautenförmig einschneiden. Die Schnittflächen leicht salzen und die Auberginen ca. 30 Minuten ruhen lassen. Mit der eingeschnittenen Seite nach unten auf einem Stück Küchenpapier abtropfen lassen, mit dem Olivenöl bestreichen und dann mit etwas Pfeffer würzen.

3 Pflaumenmus, Gemüsebrühe, Obstessig, Sesamöl und Sesamsaat zu einer Vinaigrette verrühren. Den Grill für direktes Grillen bei mittlerer Hitze (220 °C) vorbereiten. Die Auberginen auf jeder Seite bei geschlossenem Deckel etwa 6 Minuten grillen. Die Seitanribs ebenfalls auf den Grill legen und bei geschlossenem Deckel auf jeder Seite etwa 4 Minuten grillen. Die übrige Marinade in einer Grillschale auf dem Grill erwärmen.

INFOS ZUM GRILL

- direktes Grillen bei 220 °C
- geschlossener Grill

Pro Portion
ca. 446 kcal/1872 kJ
36 g E, 22 g F,
26 g KH

4 Die Auberginen vom Rost nehmen und auf einer Platte anrichten. Mit der Pflaumen-Sesam-Vinaigrette marinieren und noch heiß mit den Seitanribs servieren. Die Marinade als Sauce dazu servieren.

Aufwand: leicht
Arbeitszeit: 35 Min.
Marinier- und Ruhezeit: 1 Std.
Grillzeit: ca. 12 Min.

FLAMMKUCHEN MIT KRÄUTERÖL

FÜR 4 PORTIONEN

(2 FLAMMKUCHEN FÜR 4 PERSONEN)

FÜR DEN BODEN
200 g Mehl
1 El Kräuteröl + Öl zum Beträufeln
1 Prise Salz

FÜR DEN BELAG
200 g Crème fraîche
2 rote Zwiebeln
100 g magerer Schinken
1 gehäufter El frisch gehackte Kräuter (Schnittlauch, glatte Petersilie, Basilikum, Koriander)

AUSSERDEM
Pizzastein
neutrales Pflanzenöl für den Stein

Pro Portion
ca. 419 kcal/1759 kJ
13 g E, 24 g F,
39 g KH

Aufwand: leicht
Arbeitszeit: 10 Min.
Ruhezeit: 1 Std.
Grillzeit: 3–4 Min.

1 Für den Boden Mehl, Öl und Salz nach und nach mit 80–100 ml Wasser zu einem glatten Teig verkneten und die Teigkugel abgedeckt 1 Stunde ruhen lassen. Grill und Pizzastein (mit dem Grill aufheizen) für indirekte hohe Hitze (250–300 °C) vorbereiten.

2 Den Teig halbieren, beide Stücke sehr dünn ausrollen und mit Crème fraîche bestreichen. Die Zwiebeln schälen und in dünne Ringe schneiden, den Schinken zerzupfen. Den Pizzastein ölen und die Flammkuchen darauf bei geschlossenem Deckel 3–4 Minuten backen (der Teig sollte nicht zu hart und dunkel werden). Vom Grill nehmen, mit Kräutern bestreuen und mit etwas Kräuteröl beträufelt sofort servieren.

INFOS ZUM GRILL

- indirektes Grillen bei 250–300 °C
- geschlossener Grill

GEGRILLTER CHICORÉE MIT HASELNÜSSEN UND ZITRUSFRUCHT-BUTTER

FÜR 4 PORTIONEN

2 gelbe Chicorée
2 rote Chicorée
10 Haselnusskerne
1 Orange
1 Limette
1 rosa Grapefruit
1 El brauner Zucker
80 g Butter
Salz
schwarzer Pfeffer
1 El fein gehackte Petersilie

Pro Portion
ca. 272 kcal/1139 kJ
3 g E, 22 g F,
13 g KH

1 Den Chicorée waschen, putzen und der Länge nach halbieren. Die Haselnusskerne grob hacken und in einer Pfanne ohne Fett etwas anrösten. Die Zitrusfrüchte mit einem scharfen Messer schälen, dabei auch die dünne weiße Haut mit herunterschneiden. Die Fruchtfilets zwischen den Trennhäuten herausschneiden und dabei den herabtropfenden Saft in einem kleinen Topf auffangen.

2 Den Grill für direktes Grillen bei mittlerer Hitze (180 °C) vorbereiten. Den Zitrussaft mit Zucker aufkochen und dickflüssig reduzieren. Die Butter zugeben und unterrühren. Den Chicorée in der Butter leicht erwärmen, dann herausnehmen und bei geschlossenem Deckel auf jeder Seite 4–5 Minuten (oder bis er leicht goldbraun ist) grillen.

3 Die gegrillten Chicoréehälften mit den Fruchtfilets auf Tellern anrichten, mit Salz und Pfeffer würzen. Mit Haselnusskernen und Petersilie bestreuen. Mit der lauwarmen Zitrusfrucht-Butter servieren.

Aufwand: leicht
Arbeitszeit: 30 Min.
Grillzeit: 8–10 Min.

INFOS ZUM GRILL

- direktes Grillen bei 180 °C
- geschlossener Grill

GEGRILLTER PAPRIKA-FRÜHLINGS-ZWIEBEL-SALAT MIT SALBITXADA

FÜR 4 PORTIONEN

4 Ñoras oder andere kleine getrocknete Paprika
4 reife Strauchtomaten
4 Knoblauchzehen
60 g Haselnusskerne
2 Stängel Minze
1 Scheibe Weißbrot
2 El Rotweinessig
3 El Olivenöl
Salz
schwarzer Pfeffer
4 rote Paprika
2 Bund dicke Frühlingszwiebeln

AUSSERDEM
etwas Olivenöl für die Grillschale
Grillschale

1 Den Grill für direktes Grillen bei mittlerer Hitze (200–220 °C) vorbereiten. Die getrockneten Paprika ca. 30 Minuten in warmem Wasser einweichen und dann die Kerne entfernen. Während des Einweichens die Strauchtomaten waschen, trocken tupfen, mit etwas Olivenöl in eine Grillschale geben und auf dem Grill direkt bei geschlossenem Deckel ca. 10 Minuten unter Wenden weich garen. Die Knoblauchzehen in Alufolie wickeln und in der Glut mitgaren.

2 Die Haselnusskerne grob hacken und in einer Pfanne ohne Fett anrösten. Die Minze waschen, trocken schütteln und die Blätter von den Stängeln zupfen. Das Brot mit dem Rotweinessig beträufeln. Den gegarten Knoblauch schälen und im Mörser mit Minzblättern, gerösteten Haselnüssen, den abgetropften Paprika und der Brotscheibe zu einer Paste zerstoßen. Die gegarten Tomaten zugeben und alles zu einer glatten, cremigen Sauce verarbeiten. Dabei das Olivenöl langsam untermischen und die Salbitxada mit Salz und Pfeffer würzen.

Pro Portion
ca. 312 kcal/1303 kJ
7 g E, 19 g F,
28 g KH

INFOS ZUM GRILL

- direktes Grillen bei 200–220 °C
- geschlossener Grill

TIPP

Zum Genießen die zwei äußeren dunklen Schichten der Frühlingszwiebeln abziehen und das weiße Innere in die Sauce tunken.

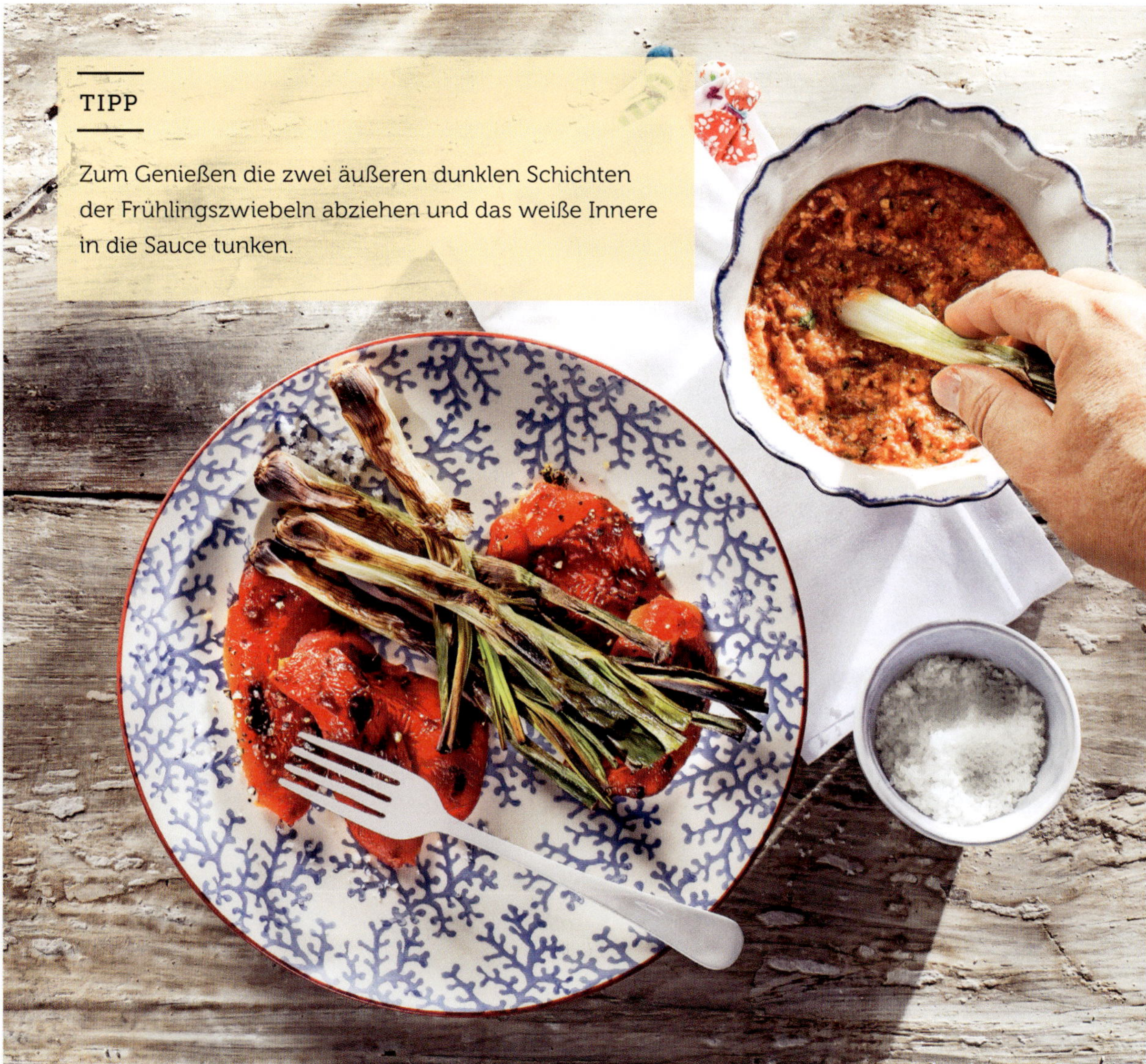

3 Die Paprika direkt und unter Wenden bei geschlossenem Deckel 20–25 Minuten oder so lange grillen, bis die Haut dunkel wird und Blasen wirft. Die Frühlingszwiebeln waschen, putzen und etwa 6 cm vom Grün abschneiden. Die Zwiebeln wie die Paprika unter regelmäßigem Wenden garen, bis die äußere Haut sehr dunkel wird. Von den etwas abgekühlten gegarten Paprika die Haut abziehen, Stielansätze und Kerne entfernen.

4 Die gegrillten Paprika mit den Frühlingszwiebeln auf Tellern anrichten und mit der Salbitxada zum Dippen servieren.

Aufwand: mittel
Arbeitszeit: 1 Std. 5 Min.
Grillzeit: ca. 35 Min.

SALAT VON GEGRILLTEN KAROTTEN MIT HONIG-THYMIAN-RICOTTA

FÜR 4 PORTIONEN

2 Bund kleine junge Karotten
Salz
4 El Honig
4 El Aceto balsamico
4 El Olivenöl
schwarzer Pfeffer
150 g Ricotta
2 Schalotten
2 Thymianzweige
½ Tl abgeriebene Schale von
1 unbehandelten Zitrone
2 El fein gehackte glatte Petersilie

Pro Portion
ca. 257 kcal/1075 kJ
5 g E, 15 g F,
25 g KH

1 Die Karotten bis auf wenige cm vom Grün befreien und schälen. Dickere Karotten eventuell der Länge nach halbieren. In kochendem Salzwasser bissfest garen, in ein Sieb abgießen und mit kaltem Wasser abschrecken.

2 Den Honig mit dem Essig und 3 Esslöffeln Olivenöl in einem Topf kurz aufkochen. Die Marinade in eine flache Schale geben und mit Salz und Pfeffer würzen. Die Karotten darin schwenken, sodass sie gleichmäßig mit Marinade überzogen sind.

3 Den Ricotta in eine Schüssel geben. Die Schalotten schälen und in sehr feine Würfel schneiden. Den Thymian waschen, trocken schütteln und die Blättchen von den Zweigen zupfen. Das übrige Olivenöl in einer Pfanne erhitzen und die Schalottenwürfel darin glasig andünsten. Die Thymianblättchen zugeben und ebenfalls kurz andünsten. Etwas abkühlen lassen und mit der Zitronenschale zum Ricotta geben. Alles miteinander vermengen und mit Salz und Pfeffer würzen. Den Grill für direktes Grillen bei mittlerer Temperatur (200–220 °C) vorbereiten.

INFOS ZUM GRILL

- direktes Grillen bei 200–220 °C
- geschlossener Grill

4 Die Karotten auf dem Grill bei geschlossenem Deckel etwa 5 Minuten direkt grillen, bis sie leicht karamellisieren. Dabei ständig wenden, damit sie nicht anbrennen.

5 Die Karotten auf Tellern verteilen und mit der übrigen Marinade beträufeln. Den Ricotta darauf anrichten und mit der gehackten Petersilie bestreuen.

Aufwand: leicht
Arbeitszeit: 40 Min.
Grillzeit: ca. 5 Min.

SALAT VON GEGRILLTEN KARTOFFELN MIT SPARGEL UND MOZZARELLA

FÜR 4 PORTIONEN

400 g kleine, neue Kartoffeln
Salz
5 El Olivenöl + etwas Öl für die Spargelstangen
1 Tl Rosmarinnadeln nach Belieben
½ Tl scharfes Chilipulver nach Belieben
400 g weißer Spargel
400 g grüner Spargel
Zucker
12 Kirschtomaten
1 Bund Basilikum
250 g Büffelmozzarella
2 El Aceto balsamico
4 El klare Gemüsebrühe
schwarzer Pfeffer

AUSSERDEM
1 große oder 2 mittelgroße Grillschalen

1 Die Kartoffeln abbürsten, in kochendem Salzwasser bissfest garen und in ein Sieb abgießen. Etwas auskühlen lassen und dann halbieren. In eine Grillschale geben, mit 2 Esslöffeln Olivenöl beträufeln und nach Belieben mit Rosmarin sowie Chili bestreuen.

2 Den Spargel von den holzigen Enden befreien. Den weißen Spargel schälen und mit dem grünen Spargel in kochendem Salzwasser mit 1 Prise Zucker 4 Minuten bissfest garen. In ein Sieb abgießen, mit kaltem Wasser abschrecken und abtropfen lassen.

3 Die Kirschtomaten waschen und halbieren. Basilikum waschen, trocken schütteln und die Blätter von den Stängeln zupfen. Den Mozzarella in kleine Stücke zupfen. Aus dem restlichen Olivenöl, Essig und der Gemüsebrühe ein Dressing rühren. Mit Salz, Pfeffer und Zucker abschmecken. Den Grill für direktes Grillen bei mittlerer Hitze (180–200 °C) vorbereiten.

Pro Portion
ca. 396 kcal/1659 kJ
17 g E, 26 g F,
23 g KH

INFOS ZUM GRILL

- direktes Grillen bei 180–200 °C
- geschlossener Grill

4 Die Grillschale mit den Kartoffeln auf den Rost setzen und die Kartoffeln unter gelegentlichem Wenden 4–5 Minuten oder bis sie leicht knusprig sind grillen. Die weißen und grünen Spargelstangen etwas einölen und unter mehrfachem Wenden bei geschlossenem Deckel 10 Minuten grillen.

5 Den Spargel mit den Grillkartoffeln auf Tellern anrichten. Kirschtomaten, Mozzarella und Basilikumblätter darauf verteilen und alles mit dem Dressing marinieren.

Aufwand: leicht
Arbeitszeit: 40 Min.
Grillzeit: ca. 10 Min.

PULL-APART-BREAD

FÜR 8 PORTIONEN

1 möglichst rundes Brot (750 g)
4 Knoblauchzehen
3–4 frische Rosmarinzweige
200–250 g dünn geschnittener, herzhafter roher Schinken
300 g würziger Käse (alter Gouda, Cheddar, Comté, Leerdamer)
2–3 El gesalzene Butter

AUSSERDEM
kleiner Rost
Aluschale

Pro Portion
ca. 375 kcal/1569 kJ
20 g E, 17 g F,
36 g KH

Aufwand: leicht
Arbeitszeit: 15 Min.
Grillzeit: 12–15 Min.

1 Das Brot diagonal im Abstand von ca. 2 cm sehr tief bis ungefähr 1,5 cm über der Unterseite einschneiden. Den Knoblauch schälen und in feine Stifte oder Scheiben schneiden. Die Rosmarinzweige waschen, trocken schütteln und die Nadeln von den Zweigen zupfen, dann grob hacken. Den Schinken grob zerzupfen und den Käse in dicke Scheiben schneiden. Den Grill für indirektes Grillen bei mittlerer Hitze (180–200 °C) vorbereiten.

2 In die Schnitte im Brot Butterflocken und Knoblauchstückchen geben, dann mit Schinken und gut der Hälfte der Kräuter füllen. Zum Schluss den Käse hineinstecken, er sollte etwas aus dem Brot herausschauen, und mit den übrigen Kräutern bestreuen. Das Brot auf einen Rost und diesen in eine Aluschale setzen. Bei geschlossenem Deckel 12–15 Minuten grillen, bis der Käse geschmolzen ist (zwischendurch prüfen), und noch heiß genießen.

INFOS ZUM GRILL

- indirektes Grillen bei 180–200 °C
- geschlossener Grill

STOCKBROT MIT ROSMARIN

FÜR 4 PORTIONEN

500 g Weizenmehl
1 P. Trockenhefe
100 ml Milch
40 g Butter
1 Prise Salz
1 gehäufter El getrockneter Rosmarin

AUSSERDEM
saubere lange Holzstöcke
(mindestens 50 cm)

1 Die Holzstöcke 1 Stunde lang wässern. Für den Teig das Mehl in eine Schüssel füllen und eine Mulde hineindrücken, dann die Trockenhefe hineingeben. Die Milch mit der Butter erwärmen und mit der Hefe und etwas Mehl zu einem Vorteig verrühren. Salz und Kräuter zugeben und alles zu einem festen, aber geschmeidigen Teig verarbeiten, der sich gut von der Schüssel löst. Den Grill für direktes Grillen bei mittlerer Hitze (180–200 °C) vorbereiten.

2 Den Teig in Portionen teilen, zu Strängen formen und diese etwas flach drücken. Die Stöcke gut abtrocknen und die Teigstücke spiralförmig darumwickeln, sie sollten nicht rutschen. Die Stockbrote eine gute Handbreit über der Glut unter Drehen direkt ca. 15 Minuten oder bis es beim Daraufklopfen hohl klingt backen.

Pro Portion
ca. 524 kcal/2196 kJ
14 g E, 11 g F,
92 g KH

TIPP

Der Teig kann ganz nach Belieben verfeinert werden: mit Kräutern oder Kräutermischungen, mit Speck, mit Zwiebel- oder Gemüsewürfeln, mit gewürfelten Trockenfrüchten oder mit Rosinen.

Aufwand: leicht
Arbeitszeit: 15 Min.
Zeit zum Wässern: 1 Std.
Grillzeit: ca. 15 Min.

INFOS ZUM GRILL

- direktes Grillen bei 180–200 °C
- offener Grill

BURGER-BUNS

FÜR 12 BUNS

FÜR DIE BUNS

4 El Milch
3 El Zucker
1 Würfel frische Hefe (42 g)
500 g Mehl (Type 550)
1 gehäufter Tl Salz
80 g weiche Butter
1 Ei

AUSSERDEM

1 Ei
2 El Milch
Sesam zum Bestreuen

1 In einer Schüssel die Milch, 200 ml lauwarmes Wasser und den Zucker verrühren. Die Hefe hineinbröckeln und die Mischung 5 Minuten gehen lassen. Die Mischung mit Mehl, Salz, Butter und Ei zu einem geschmeidigen Teig verkneten und abgedeckt an einem warmen Ort 1 Stunde gehen lassen.

2 Den Teig in zwölf Portionen teilen und Buns daraus formen. Mit den Händen zu Kugeln rollen. Auf ein mit Backpapier belegtes Backblech legen und leicht flach drücken. Dabei darauf achten, dass die Buns möglichst gleichmäßig werden. Nochmals abgedeckt an einem warmen Ort 1 Stunde gehen lassen, damit sie schön fluffig werden.

3 Den Backofen auf 200 °C vorheizen. Ei, Milch und 2 El lauwarmes Wasser verquirlen und die Buns damit bestreichen sowie nach Belieben mit Sesam bestreuen. Auf der mittleren Schiene 16–20 Minuten goldbraun backen.

TIPP

Auch mit anderen Mehlsorten zubereitet und mit Saaten, Kräutern oder Nüssen bestreut sind die Buns lecker.

Pro Bun
ca. 228 kcal/656 kJ
6 g E, 8 g F,
33 g KH

Aufwand: mittel
Arbeitszeit: 10–15 Min.

PIZZA-VARIATIONEN

FÜR 2 PIZZEN

FÜR DEN BODEN
1 Tl Zucker
1 P. Trockenhefe
300 g Mehl + Mehl zum Bestäuben
100 ml lauwarme Milch
1 Prise Salz
Öl zum Beträufeln

FÜR BELAG 1
½ in Streifen geschnittene grüne Paprika
180 g Thunfisch aus der Dose
12 schwarze Oliven ohne Stein

FÜR BELAG 2
6 hauchdünne Salamischeiben
8–10 halbierte Kirschtomaten
2 in feine Ringe geschnittene Peperoni

FÜR BELAG 3
4 große, in Scheiben geschnittene braune Champignons
1 große, in Scheiben geschnittene Zwiebel

AUSSERDEM

1 Den Zucker mit etwas Wasser und der Trockenhefe verrühren und 10 Minuten gehen lassen, bis die Hefe schäumt. Mit der Hälfte des Mehls sowie der Milch verrühren, den Vorteig mit Mehl bestäuben und zugedeckt an einem warmen Ort 30 Minuten gehen lassen. Den Vorteig mit dem übrigen Mehl und dem Salz zu einem homogenen Teig verkneten, mit etwas Mehl bestäuben und nochmals 30 Minuten abgedeckt gehen lassen. Grill und Pizzastein (mit dem Grill aufheizen) für indirekte hohe Hitze (250–300 °C) vorbereiten.

2 Den Teig auf bemehltem Backpapier am besten zu zwei dünnen Pizzaböden ausrollen, diese mit Öl beträufeln und auf den mit Grieß oder Mehl bestreuten Pizzastein setzen. Indirekt bei geschlossenem Deckel 3–4 Minuten grillen (sie sollten nicht zu hart oder dunkel werden), dann vom Grill nehmen und die gegrillte Seite belegen: mit den gehackten Tomaten bedecken, mit Pfeffer würzen und mit der Hälfte des Käses bestreuen. Mit Belag 1, 2, 3 oder nach Belieben bedecken und mit dem restlichen Käse und Oregano bestreuen. Die Pizza nochmals indirekt bei geschlossenem Deckel in 3–4 Minuten fertig grillen.

INFOS ZUM GRILL

- indirektes Grillen bei 250–300 °C
- geschlossener Grill

Pro Pizza
ca. 995 kcal/4166 kJ
45 g E, 33 g F,
126 g KH

Pizzastein
Maisgrieß oder Mehl zum Bestreuen
275 g gehackte Tomaten aus der Dose
schwarzer Pfeffer
200 g geriebener Mozzarella
Oregano zum Bestreuen

Aufwand: leicht
Arbeitszeit: 15 Min.
Zeit zum Gehen: 1 Std. 10 Min.
Grillzeit: 6–8 Min.

FOUGASSE

FÜR 3–4 PORTIONEN

3 El Zucker
1 P. Trockenhefe
500 g Mehl + Mehl zum Bestäuben
1 Prise Salz
4–5 El Olivenöl + Öl zum Bestreichen
Kräuter, Oliven, Meersalz, Chilischote

AUSSERDEM
Pizzastein
Mehl zum Bestreuen

Pro Portion
ca. 564 kcal/2361 kJ
13 g E, 13 g F,
99 g KH

Aufwand: leicht
Arbeitszeit: 10 Min.
Zeit zum Gehen: 1 1/4 Std.
Grillzeit: ca. 10 Min.

1 Den Zucker in etwa 200 ml lauwarmem Wasser auflösen, die Hefe einrühren und 10 Minuten gehen lassen, bis es schäumt. Das Mehl in eine Schüssel geben und eine Mulde in die Mitte drücken. Hefemischung, Salz und Öl in die Mulde geben und einen Teig daraus kneten. In vier Stücke teilen, zu Kugeln formen und mit Mehl bestäubt an einem warmen Ort 45 Minuten gehen lassen.

2 Die Teigkugeln auf einer mit Mehl bestäubten Fläche zu Ovalen ausrollen und mit einem scharfen Messer einschneiden. Die Schnitte auseinanderziehen – jedes Teigstück sollte aussehen wie ein Blatt. Nochmals 30 Minuten gehen lassen. Den Grill und den Pizzastein (mit dem Grill aufheizen) für indirektes Grillen bei mittlerer bis hoher Hitze (220–230 °C) vorbereiten.

3 Die Fougasse mit Öl bestreichen und nach Belieben mit Kräutern, gehackten Oliven, Meersalz, gehackter Chili o. Ä. bestreuen. Auf dem mit Mehl bestäubten Pizzastein bei geschlossenem Deckel ca. 10 Minuten backen – sie sollten goldbraun, jedoch nicht zu hart und zu dunkel werden, am besten vor Ende der Backzeit einmal kontrollieren.

INFOS ZUM GRILL

- indirektes Grillen bei 220–230 °C
- geschlossener Grill

TIPP

Alternativ kann die Fougasse im auf 220–230 °C vorgeheizten Backofen zubereitet werden: auf der mittleren Schiene ca. 10 Minuten goldbraun backen.

KARTOFFEL-WEDGES

FÜR 3–4 PORTIONEN

FÜR DAS BASISREZEPT
1 kg vorwiegend festkochende Kartoffeln
Meersalz
grob gemahlener schwarzer Pfeffer
Olivenöl zum Beträufeln

WÜRZMISCHUNG 1
Meersalz
2–3 El Kräuter der Provence

WÜRZMISCHUNG 2
Meersalz
grob gemahlener schwarzer Pfeffer
100 g geriebener Parmesan
1 Tl Knoblauchpulver
1 Tl geräuchertes Paprikapulver

AUSSERDEM
Grillschale

1 Die Kartoffeln schälen und in nicht zu dicke Spalten schneiden. Die Spalten mit Meersalz und Pfeffer oder einer der Würzmischungen vermengen, die Kartoffeln sollten gleichmäßig damit bedeckt sein. In eine Grillschale geben, mit wenig Olivenöl beträufeln und den Grill für indirektes Grillen bei mittlerer Hitze (200–220 °C) vorbereiten.

2 Die Wedges indirekt bei geschlossenem Deckel ca. 1 Stunde garen, dabei eventuell zu viel überschüssiges, in der Form stehendes Öl abgießen, damit die Kartoffeln nicht zu weich werden. In der Schale servieren.

INFOS ZUM GRILL

- indirektes Grillen bei 200–220 °C
- geschlossener Grill

Aufwand: leicht
Arbeitszeit: 15 Min.
Grillzeit: ca. 1 Std.

Pro Portion
ca. 271 kcal/1140 kJ
5 g E, 10 g F,
39 g KH

SCHNEEKUGEL VOM GRILL

FÜR 4 PORTIONEN

4 Eiweiß
3 El Zucker
1 P. Vanillezucker
8 dicke Scheiben Honigkuchen oder Früchtebrot
500 g fest gefrorenes Fruchteis nach Belieben (Cassis, Mango, Erdbeer o. Ä.)

Aufwand: leicht
Arbeitszeit: 10 Min.
Grillzeit: 3–4 Min.

1 Den Grill für indirektes Grillen bei hoher Hitze (250 °C) vorbereiten. Eiweiß, Zucker und Vanillezucker zu einem sehr steifen Eischnee schlagen.

2 Die Kuchenscheiben bereitlegen und auf jede Scheibe eine Eiskugel setzen. Es sollte möglichst eine Art Kuppel entstehen. Rasch mit dem Eischnee umgeben, das Eis muss unbedingt komplett damit bedeckt und umgeben sein.

3 Die Eischneehaube auf dem Grill bei geschlossenem Deckel in 3 Minuten nicht zu dunkel werden lassen und die Schneekugeln sofort servieren.

Pro Portion
ca. 349 kcal/1458 kJ
8 g E, 3 g F,
71 g KH

INFOS ZUM GRILL

- indirektes Grillen bei 250 °C
- geschlossener Grill

ZIEGENKÄSE MIT PORTWEINFEIGEN

FÜR 4 PORTIONEN

8 kleine Feigen
4 El Olivenöl + etwas zum Einölen
4 El Portwein
8 Ziegenfrischkäsetaler
4 El Blütenhonig
10 Haselnusskerne
8 Thymianzweige
½ Tl frische grüne Pfefferkörner

Aufwand: leicht
Arbeitszeit: 10 Min.
Grillzeit: ca. 6 Min.

1 Die Feigen waschen, trocken tupfen, tief über Kreuz einschneiden und jede Feige auf ein Stück leicht geölte Alufolie von ca. 20 x 20 cm setzen. Mit dem Portwein beträufeln. Die Ziegenfrischkäsetaler auf die Feigen legen und mit Honig und 4 Esslöffeln Olivenöl beträufeln.

2 Die Haselnusskerne grob hacken und über den Käse streuen. Jeweils mit einem Thymianzweig belegen. Den grünen Pfeffer fein hacken und darüberstreuen, dann die Alufolie zu einem Päckchen zusammenfalten. Den Grill für direktes Grillen bei mittlerer Hitze (220 °C) vorbereiten und die Päckchen bei geschlossenem Deckel ca. 6 Minuten grillen.

INFOS ZUM GRILL

- direktes Grillen bei 220 °C
- geschlossener Grill

Pro Portion
ca. 305 kcal/1277 kJ
6 g E, 20 g F,
22 g KH

DAS SÜSSE FINALE

BUTTERKEKS-MARSHMALLOW-BURGER MIT SCHOKOLADE

FÜR 4 PORTIONEN

200 g Mehl + Mehl für die Arbeitsfläche
1 Prise Salz
120 g kalte Butter
90 g Puderzucker
4 Eigelb
½ Vanilleschote
100 g dunkle Kuvertüre
16 Marshmallows

Pro Portion
ca. 691 kcal/2893 kJ
11 g E, 34 g F,
84 g KH

1 Das Mehl mit dem Salz in einer Schüssel mischen. Die Butter in kleine Stückchen schneiden und alles zu einem bröseligen Teig verkneten. Den gesiebten Puderzucker untermengen, 3 Eigelb und das ausgekratzte Mark der Vanilleschote zugeben. Alles zügig zu einem kompakten, glatten Teig verarbeiten. Den Teig in Frischhaltefolie wickeln und für 20 Minuten im Kühlschrank ruhen lassen.

2 Den Backofen auf 180 °C vorheizen. Den Teig auf einer bemehlten Arbeitsfläche flach drücken und etwa 0,5 cm dick ausrollen. Aus dem Teig rechteckige Kekse ausstechen und auf einem mit Backpapier belegten Backblech verteilen.

3 Das übrige Eigelb mit 1 Esslöffel Wasser verrühren und die Kekse damit dünn bestreichen. Das Eigelb etwas trocknen lassen und die Kekse mit einer zweiten Schicht bestreichen. Die Kekse im vorgeheizten Backofen auf der mittleren Schiene 10–12 Minuten goldbraun backen. Aus dem Ofen nehmen und auskühlen lassen.

INFOS ZUM GRILL

- ► indirektes Grillen bei 180–200 °C
- ► geschlossener Grill

4 Den Grill für indirektes Grillen bei mittlerer Hitze (180–200 °C) vorbereiten. In der Zwischenzeit die Kuvertüre sehr fein hacken. Acht Stücke Alufolie (20 x 20 cm) ausbreiten. Jeweils einen Keks darauflegen und mit etwas Schokolade bestreuen. Jeweils 2 Marshmallows auf die Schokolade setzen und mit einem weiteren Keks bedecken. Die Kekse fest in Alufolie einwickeln und diese gut zusammenfalten. Die Päckchen bei geschlossenem Deckel 3 Minuten indirekt grillen.

5 Ein Päckchen von Grill nehmen und prüfen, ob die Marshmallows schon leicht geschmolzen sind. Alle Päckchen vom Grill nehmen und sofort genießen.

Aufwand: mittel
Arbeitszeit: 50 Min.
Ruhezeit: 20 Min.
Backzeit: 10–12 Min.
Grillzeit: ca. 3 Min.

WEISSER SCHOKOKUCHEN MIT ORANGENKOMPOTT

FÜR 4 PORTIONEN

4 kleine unbehandelte Orangen
2 El Rohrohrzucker + Zucker für den Teig
4 Eier
100 g weiße Schokolade
100 g Mascarpone
1 Tl abgeriebene Schale von 1 unbehandelten Zitrone
1 Tl Backpulver

AUSSERDEM
Grillschale

Pro Portion
ca. 480 kcal/2009 kJ
11 g E, 24 g F,
55 g KH

Aufwand: mittel, braucht etwas Fingerspitzengefühl
Arbeitszeit: 20 Min.
Grillzeit: ca. 40 Min.

1 Das obere Drittel der Orangen abschneiden und die Früchte filetieren. Den Saft dabei auffangen – die Schale sollte möglichst intakt bleiben, damit sie gefüllt werden kann. Es darf gern noch etwas Fruchtfleisch im Innern bleiben. Große Filets halbieren und alle Filets mit dem Saft in einer Grillschale mit dem Zucker vermischen.

2 Für den Teig die Eier trennen und das Eiweiß kühl stellen. Die Schokolade in kleine Stücke brechen und über einem Wasserbad schmelzen, dann abkühlen lassen. Mit dem Mascarpone, der Zitronenschale und dem Backpulver cremig rühren und mit Zucker abschmecken. Das Eiweiß steif schlagen, mit einem Holzlöffel gleichmäßig unterheben und den Teig in die Orangenschalen verteilen. Sie sollten jedoch nur bis gut zur Hälfte gefüllt sein. Den Grill für indirektes Grillen bei niedriger bis mittlerer Hitze (160–180 °C) vorbereiten.

3 Die gefüllten Orangen bei geschlossenem Deckel ca. 40 Minuten indirekt backen – dabei darauf achten, dass die Temperatur nicht steigt, damit die Schalen nicht anbrennen. Die Grillschale mit den Orangenfilets nach der Hälfte der Backzeit dazustellen. Die Küchlein in den Schalen zum Servieren mit Orangenkompott toppen oder dieses als Sauce dazureichen.

INFOS ZUM GRILL

- indirektes Grillen bei 160–180 °C
- geschlossener Grill

TIPP

Machen Sie die Stäbchenprobe: Die Kuchen sind durchgebacken, wenn an einem hineingesteckten Holzstäbchen kein Teig mehr haften bleibt. Die kleinen Kuchen schmecken aber auch mit einem leicht flüssigen Kern!

HONIG-ANANAS MIT BLITZSORBET

FÜR 4 PORTIONEN

FÜR DAS BLITZ-SORBET
400 g tiefgefrorene rote Beeren
(Erdbeeren, Himbeeren, Waldfrucht-Mix)
4 El Puderzucker
100 ml trockener Sekt

FÜR DIE ANANAS
½ große oder 1 kleine reife Ananas
4–6 El dunkler Honig
2 El Brandy
1 Prise gemahlener Zimt
1 Prise gemahlene Nelken

AUSSERDEM
4 Holzspieße
Grillplatte (falls vorhanden)

Pro Portion
ca. 197 kcal/823 kJ
1 g E, 0 g F,
39 g KH

Aufwand: mittel
Arbeitszeit: 25–30 Min.
Grillzeit: ca. 8 Min.

1 Für das Sorbet die Früchte 25–30 Minuten antauen lassen. Währenddessen die Ananas sauber schälen und in dicke Scheiben schneiden. Den leicht holzigen Strunk in der Mitte mit einem scharfen Messer herausschneiden, sodass Fruchtringe bleiben. Die Ringe auf gewässerte Holzspieße stecken.

2 Den Grill (und die Grillplatte) für direktes Grillen bei niedriger bis mittlerer Hitze (170–180 °C) vorbereiten. Honig, Brandy und Gewürze dickflüssig verrühren und die Ananasringe üppig damit bestreichen. Auf dem geschlossenen Grill (auf dem Rost oder der geriffelten Seite der Grillplatte) auf jeder Seite 4 Minuten direkt grillen. Die Ringe sollten ein schönes Branding (Muster) bekommen.

3 Die angetauten Früchte mit Puderzucker und Sekt cremig, aber nicht zu weich pürieren. Auf Schalen oder in Gläser verteilen und mit den Ananasringen servieren.

INFOS ZUM GRILL

- direktes Grillen bei 170–180 °C
- geschlossener Grill

IN PERGAMENT GEGRILLTER BEERENCRUMBLE

FÜR 4 PORTIONEN

2 El Mehl
2 El gemahlene Mandeln
2 El gemahlene Haselnüsse
60 g Knuspermüsli
50 g Butter
200 g Himbeeren
200 g Erdbeeren
100 g Blaubeeren
100 g Brombeeren
einige Minzblätter

Pro Portion
ca. 273 kcal/1144 kJ
5 g E, 18 g F,
22 g KH

1 Den Backofen auf 180 °C vorheizen. Mehl, Mandeln, Haselnüsse und Knuspermüsli in eine Schüssel geben und mit 30 g Butter vermengen. Die Masse auf einem mit Backpapier ausgelegten Backblech verteilen und 10 Minuten im Ofen backen. Aus dem Ofen nehmen und auskühlen lassen.

2 In der Zwischenzeit die geputzten und gemischten Beeren auf vier Bögen Backpapier verteilen und die übrige Butter flöckchenweise darauf verteilen. Den ausgekühlten Crumbleteig darüberstreuen. Das Papier gut verschließen und den Grill für direkte mittlere Hitze (180–200 °C) vorbereiten. Den Grillrost mit Alufolie auskleiden und die Päckchen darauf bei geschlossenem Deckel etwa 10 Minuten garen.

3 Die Päckchen vom Grill nehmen und auf Teller setzen. Das Papier am Tisch öffnen und den Crumble mit den Minzblättern garnieren.

Aufwand: leicht
Arbeitszeit: 25 Min.
Grillzeit: ca. 10 Min.

INFOS ZUM GRILL

- direktes Grillen bei 180–200 °C
- geschlossener Grill

KIRSCH-SOUFFLÉS

FÜR 4 PORTIONEN

FÜR DEN TEIG
250 g Sauerkirschen
4 Eier
250 g Frischkäse
4 El Zucker
1 P. Vanillezucker

AUSSERDEM
4 feuerfeste Förmchen
Butter und Zucker für die Förmchen
1 große Aluschale oder Fettpfanne
für das Wasserbad

Aufwand: leicht
Arbeitszeit: 10 Min.
Grillzeit: ca. 15 Min.

1 Die Förmchen mit Butter ausstreichen und mit Zucker ausstreuen. Eine Aluschale oder Fettpfanne etwa zur Hälfte mit Wasser füllen. Die Sauerkirschen waschen und entsteinen. Die Eier trennen und das Eigelb mit dem Frischkäse cremig rühren, dann die Kirschen unterheben. Das Eiweiß mit Zucker und Vanillezucker sehr steif schlagen und mit einem Holzlöffel vorsichtig und möglichst gleichmäßig unter den Teig heben.

2 Den Grill für indirektes Grillen bei mittlerer Hitze (220 °C) vorbereiten. Den Teig in die Förmchen füllen, diese ins Wasserbad setzen und die Schale auf den Grill stellen. Die Soufflés bei geschlossenem Deckel indirekt ca. 15 Minuten backen – den Deckel während des Vorgangs auf keinen Fall öffnen, sonst fallen die Küchlein zusammen. Sehr vorsichtig vom Grill nehmen und sofort servieren.

Pro Portion
ca. 406 kcal/1701 kJ
14 g E, 29 g F,
22 g KH

INFOS ZUM GRILL

- indirektes Grillen bei 220 °C
- geschlossener Grill

APRIKOSENSPIESSE MIT MANGO UND ROSMARIN

FÜR 4 PORTIONEN

1 reife Mango
5 Aprikosen
4 lange Rosmarinzweige
Rohrohrzucker zum Bestreuen
1 Limette
1 Prise gemahlener Kardamom

AUSSERDEM
Grillplatte (falls vorhanden)

Pro Portion
ca. 84 kcal/352 kJ
1 g E, 0 g F,
18 g KH

Aufwand: mittel
Arbeitszeit: 35 Min.
Grillzeit: ca. 4 Min.

1 Die Mango schälen und dünne Fruchtfleischstreifen herunterschneiden. Die Aprikosen halbieren, entkernen und die Aprikosenhälften nochmals halbieren. Die Rosmarinzweige waschen und trocken schütteln. Aprikosenstücke mit den Mangostreifen umwickeln, auf die Rosmarinspieße stecken und mit etwas Zucker bestreuen.

2 Den Saft der Limette auspressen und mit Kardamom verrühren. Den Grill (und die Grillplatte) für direktes Grillen bei niedriger bis mittlerer Hitze (170–180 °C) vorbereiten. Die Aprikosenspieße bei geschlossenem Deckel (auf der Grillplatte oder dem Rost) etwa 4 Minuten direkt grillen oder bis der Zucker etwas karamellisiert ist, nach 2 Minuten wenden. Die fertig gegrillten Spieße mit dem Kardamom-Limetten-Saft beträufeln und servieren.

INFOS ZUM GRILL

- direktes Grillen bei 170–180 °C
- geschlossener Grill

APFELKUCHEN AUS DEM DUTCH OVEN

FÜR 12 KUCHENSTÜCKE

FÜR DEN KUCHEN
5 mittelgroße Äpfel
3 Eier
100 g brauner Zucker + Zucker zum Bestreuen
100 g weiche Butter
200 g Dinkelmehl
ausgekratztes Mark von 1 Vanilleschote
1 Tl Backpulver
1 El gemahlener Zimt
5 El Rosinen
3 El gehackte Walnüsse

FÜR DIE STREUSEL
150 g Dinkelmehl
125 g brauner Zucker
125 g weiche Butter
1 Tl gemahlener Zimt

AUSSERDEM
Dutch Oven mit Füßen (Topfvolumen ca. 8 Liter)
16 Eierkohlebriketts

Aufwand: leicht
Arbeitszeit: 15 Min.
Backzeit im Grill: 50–60 Min.

1 Die Äpfel schälen, vom Kerngehäuse befreien und in feine Spalten schneiden. Eier, Zucker und Butter schaumig rühren, dann das Mehl darübersieben. Mit den übrigen Zutaten zu einem geschmeidig-festen Teig verrühren. Aus den Zutaten für die Streusel einen krümeligen Teig zubereiten und zu Streuseln reiben.

2 Den Teig in den Dutch Oven füllen. Die Apfelspalten dicht an dicht hineindrücken und mit den Streuseln bestreuen. Die Eierkohlebriketts im Grill durchglühen, dann 5 Stück unter dem Dutch Oven platzieren und 11 Stück auf dem Deckel des Topfs. Den Kuchen indirekt bei 200 °C mit geschlossenem Deckel 50–60 Minuten backen. Nach ca. 40 Minuten prüfen – sind die Streusel goldbraun, ist der Kuchen fertig.

Pro Stück
ca. 397 kcal/1662 kJ
4 g E, 18 g F,
55 g KH

INFOS ZUM GRILL

- indirektes Grillen bei 200 °C
- geschlossener Grill

BBQ-RUB

FÜR 1 GLAS (CA. 70 G)

2 El grobes Salz • 1 El schwarzer Pfeffer • 2 El Rohrohrzucker • 2 El edelsüßes Paprikapulver • 1 El Cayennepfeffer • 1 El Knoblauchpulver • 1 El Selleriesalz

Aufwand: leicht • **Arbeitszeit:** 5 Min.

Pro Glas
ca. 209 kcal/876 kJ
5 g E, 4 g F,
36 g KH

Die Zutaten gut mischen und zusammen in einem Mörser zerstoßen. Mit der Würzmischung als Rub Fleisch und Fisch einreiben oder nach Belieben Gemüse oder andere Zutaten würzen. In einem sauberen, trockenen Schraubdeckelglas hält die Mischung gut verschlossen an einem dunklen Ort 2–3 Monate.

Basic, für Fleisch, Fisch & Gemüse.

KRÄUTER-MARINADE

FÜR 1 GLAS (CA. 330 ML)

je 1 Zweig frischer Rosmarin, Thymian und Oregano • 3 Stängel glatte Petersilie 5 Knoblauchzehen • 300 ml Olivenöl • abgeriebene Schale und Saft von 2 unbehandelten Limetten • 1 El Kräuteressig • Salz • grob gemahlener schwarzer Pfeffer

Pro Glas
ca. 2742 kcal/11488 kJ
1 g E, 301 g F,
16 g KH

Aufwand: leicht • **Arbeitszeit:** 10 Min.

Die frischen Kräuter waschen und trocken schütteln. Die Blättchen abzupfen und fein hacken. Den Knoblauch schälen und in feine Scheiben schneiden. Kräuter und Knoblauch mit Olivenöl, Schale und Saft der Limetten sowie Essig, Salz und Pfeffer mischen. Das Grillgut über Nacht an einem kühlen Ort darin marinieren und vor dem Grillen mit Küchenpapier etwas abtupfen. Die Marinade hält in einer sauberen Flasche oder einem Schraubdeckelglas gut verschlossen, kühl und lichtgeschützt gelagert 4–6 Monate.

Basic, für Fleisch, Geflügel & Gemüse.

BIERMARINADE

FÜR 1 GLAS (CA. 350 ML)

1 große Zwiebel • 3 El dunkles Sesamöl • 1–2 El Rohrohrzucker
330 ml zimmerwarmes dunkles Bier (z. B. Altbier) • 4 El grobkörniger Senf
1 gehäufter Tl Currypulver • 1 gehäufter Tl Chilipulver • 1 Schuss Worcestersauce

Aufwand: leicht • **Arbeitszeit:** 10 Min.

Pro Glas
ca. 603 kcal/2527 kJ
7 g E, 36 g F, 35 g KH

Die Zwiebel schälen und fein würfeln. Im Sesamöl bei mittlerer Hitze anschwitzen, dann mit Zucker bestreuen und karamellisieren lassen. Das Bier angießen und Senf sowie Gewürze gleichmäßig einrühren, mit Worcestersauce abschließen. Das Grillgut über Nacht an einem kühlen Ort darin marinieren und vor dem Grillen mit Küchenpapier etwas abtupfen. Die Marinade hält in einem sauberen Schraubdeckelglas gut verschlossen im Kühlschrank mindestens 1 Woche.

Passt besonders gut zu Schwein und Geflügel.

ROUILLE

FÜR 1 GLAS (CA. 280 G)

1 Scheibe altbackenes Weißbrot • 1 rote Chilischote • 1 rote Paprika • 3 Knoblauchzehen
1 Prise gemahlener Safran • 1 Eigelb • 7 El Olivenöl • Meersalz • schwarzer Pfeffer

Aufwand: mittel • **Arbeitszeit:** 15 Min.

Pro Glas
ca. 1784 kcal/7472 kJ
20 g E, 182 g F,
22 g KH

Das Weißbrot entrinden und in wenig Wasser einweichen. Währenddessen die Chili- und die Paprikaschote putzen, innen und außen waschen und fein hacken, den Knoblauch schälen und ebenfalls fein hacken. Das Weißbrot ausdrücken und mit Chili, Paprika und Knoblauch pürieren. Safran und Eigelb kräftig unterquirlen. Das Olivenöl unter weiterem Quirlen in feinem Strahl zulaufen lassen. Die Rouille kurz vor dem Servieren zubereiten, abgedeckt kühl stellen und frisch verzehren, nicht aufbewahren.

Passt besonders gut zu Fisch.

SALSA VERDE

FÜR 1 GLAS (CA. 150 G)

2 El Kapern aus dem Glas • 2 Sardellenfilets in Öl • 1 Knoblauchzehe • 1 Bund glatte Petersilie
3 Stängel Basilikum • 3 Stängel Minze • 1 El Zitronensaft
1 Tl abgeriebene Schale von 1 unbehandelten Zitrone • 1 Msp. Chilipulver • Kräutersalz • 4 El Olivenöl

Aufwand: leicht • **Arbeitszeit:** 10 Min.

Pro Glas
ca. 437 kcal/1830
5 g E, 45 g F,
4 g KH

Die Kapern und die Sardellen etwas abtropfen lassen und fein hacken. Den Knoblauch schälen und ebenfalls fein hacken. Die Kräuter waschen, trocken schütteln, die Blättchen abzupfen und fein hacken, dann mit Kapern, Sardellen, Knoblauch, Zitronensaft und -schale sowie den Gewürzen sehr grob pürieren. Das Öl gleichmäßig unterrühren. In einem sauberen, trockenen Schraubdeckelglas gut verschlossen im Kühlschrank aufbewahrt, hält die Salsa ca. 1 Woche.

Passt besonders gut zu hellem Fleisch und Geflügel, aber auch zu Fisch, Gemüse und aufs Brot oder zum Verfeinern von Suppen und Saucen.

BACON JAM

Pro Glas
ca. 811 kcal/3395 kJ
11 g E, 69 g F,
29 g KH

FÜR 8 GLÄSER (À CA. 150 G)

850 g in feine Streifen geschnittener Bacon • 250 g fein gewürfelte Schalotten
2 fein gewürfelte Gemüsezwiebeln • 4 fein gehackte Knoblauchzehen
1 Tl geräuchertes Paprikapulver • ½ Tl schwarzer Pfeffer • 2 El Sriracha-Sauce • 120 ml Whisky
120 ml Ahornsirup • 60 ml Aceto balsamico • 125 g brauner Zucker

Aufwand: mittel • **Arbeitszeit:** 1 Std.

Für den Jam den Bacon in einer Pfanne bei mittlerer Temperatur zunächst auslassen, dann langsam in 40 Minuten knusprig braun braten. Durch ein Sieb abgießen, das Fett dabei auffangen und den Bacon auf Küchenpapier abtropfen lassen. In 2 Esslöffeln Fett Schalotten, Zwiebeln und Knoblauch glasig werden lassen. Paprikapulver, Pfeffer, Sriracha-Sauce, Whisky und Ahornsirup unter Rühren zugeben und alles bei hoher Temperatur aufkochen. Mit Balsamico und Zucker sirupartig reduzieren. Den Bacon zugeben und nochmals 10 Minuten bei niedriger Temperatur einköcheln. In einem Schraubdeckelglas hält sich der Jam luftdicht verschlossen und kühl gelagert etwa 3 Monate.

GREMOLATA

FÜR 4–6 EL

2 Bund glatte Petersilie • 3 Knoblauchzehen • 2 unbehandelte Zitronen • Meersalz
Olivenöl nach Belieben

Gesamtmenge
ca. 95 kcal/399 kJ
5 g E, 1 g F,
12 g KH

Aufwand: leicht • **Arbeitszeit:** 10 Min.

Die Petersilie waschen, trocken schütteln und die Blättchen fein hacken. Den Knoblauch schälen und ebenfalls fein hacken. Von den Zitronen die Schale abreiben und mit Petersilie, Knoblauch und Meersalz mischen. Fleisch oder Fisch vor dem Servieren damit bestreuen. Nach Belieben mit wenig Olivenöl zu einer pastösen Würzmischung verrühren und Fleischgerichte, Suppen oder Saucen damit verfeinern.

RHABARBER-KETCHUP

FÜR 1 GROSSE FLASCHE (750–800 ML)

750 g Rhabarber • 1 Zwiebel • Sonnenblumenöl zum Braten • 400 g passierte Tomaten
2 El Honig • 1 Tl gemahlene Senfsaat • 1 Msp. Cayennepfeffer

Pro Flasche
a. 419 kcal/1759 kJ
10 g E, 22 g F,
37 g KH

Aufwand: mittel • **Arbeitszeit:** 40 Min.

Den Rhabarber waschen, putzen und in kleine Stücke schneiden. Die Zwiebel schälen und fein würfeln, im Öl bei mittlerer Hitze anschwitzen und den Rhabarber zugeben. Die Temperatur erhöhen und den Rhabarber anbraten. Die Tomaten angießen, alles einmal aufkochen und bei mittlerer Hitze kochen, bis der Rhabarber weich ist – wird die Sauce zu dickflüssig, etwas Wasser zugeben. Honig und Gewürze einrühren, noch 5 Minuten weiterköcheln und abschmecken. Noch heiß in eine große oder zwei kleinere saubere Flaschen füllen und gut verschlossen an einem kühlen Ort aufbewahren. Der Ketchup hält ungeöffnet 3–4 Monate.

LIMETTEN-CHILI-MAYONNAISE

FÜR 1 GLAS (CA. 280 G)

2 Knoblauchzehen • 250 ml Öl • 1 sehr frisches Ei • 2 Tl Senf
abgeriebene Schale und Saft von ½ unbehandelten Limette • ½ El Chiliflocken • Salz • schwarzer Pfeffer

Aufwand: leicht • **Arbeitszeit:** 15 Min.

Die Knoblauchzehen schälen und sehr fein hacken. Öl und Knoblauch in einen hohen Mixbecher geben und die restlichen Zutaten hinzugeben. Kräftig mit dem Stabmixer zu einer cremigen Mayonnaise verarbeiten und diese bis zum Servieren im Kühlschrank lagern – sofort verbrauchen.

Pro Glas
ca. 2334 kcal/9776 kJ
8 g E, 257 g F,
8 g KH

LAVENDEL-KRÄUTER-BUTTER

FÜR 1 GLAS (CA. 280 G)

1 Kistchen Kresse • 1 Bund Basilikum • 1 gute Handvoll Lavendelblüten (Würzlavendel)
3 Knoblauchzehen • 250 g zimmerwarme Butter • 1 Prise Chilipulver
1 Prise gemahlener Koriander • feines Meersalz • schwarzer Pfeffer

Pro Glas
ca. 1876 kcal/7851 kJ
4 g E, 208 g F,
5 g KH

Aufwand: leicht • **Arbeitszeit:** 15 Min. + Kühlzeit

Die Kräuter waschen, trocken schütteln, die Blättchen von den Stielen zupfen und fein hacken. Den Knoblauch schälen und dazupressen. Mit der weichen Butter mischen und mit den Gewürzen abschmecken. Im Kühlschrank über Nacht durchziehen und fest werden lassen. Die Butter hält sich im Kühlschrank bis zu 1 Woche, sie kann gut portioniert und für eine spätere Verwendung eingefroren werden.

BBQ-SAUCE MIT MALZBIER

FÜR 1 FLASCHE (CA. 450 ML)

2 mittelgroße Zwiebeln
2 Knoblauchzehen
3 El Pflanzenöl
1 Sternanis
1 Zimtstange
1 El scharfes Paprikapulver
1 Tl Chiliflocken
400 ml Malzbier
1 El Honig
100 ml Tomatenketchup
Saft von 1 Limette
Hickory-Rauchsalz
schwarzer Pfeffer

Aufwand: leicht
Arbeitszeit: 35 Min.

1 Die Zwiebeln schälen, halbieren und fein würfeln, die Knoblauchzehen schälen und fein hacken. Das Öl in einem Topf erhitzen und die Zwiebelwürfel und den Knoblauch darin andünsten. Sternanis, Zimtstange, Paprikapulver sowie Chiliflocken zugeben und kurz mitdünsten. Mit dem Malzbier ablöschen und etwa 15 Minuten bei mittlerer Hitze köcheln lassen.

2 Sternanis und Zimtstange entfernen und die Malzbier-Zwiebel-Reduktion mit dem Stabmixer fein pürieren. Honig, Ketchup und Limettensaft zugeben und weitere 10 Minuten bei geringer Temperatur köcheln lassen. Dabei gelegentlich umrühren, die Sauce soll von dickflüssiger Konsistenz sein.

3 Für das rauchige Aroma etwas Hickory-Rauchsalz zugeben und mit etwas Pfeffer abschmecken. In eine größere oder zwei kleinere saubere Flaschen füllen und gut verschlossen an einem kühlen Ort aufbewahren. Die Sauce hält so gelagert im Kühlschrank mindestens 1 Woche.

Pro Flasche
ca. 705 kcal/2960 kJ
6 g E, 32 g F,
89 g KH

REGISTER